Lettere di scrittori italiani del secolo XVI

Giuseppe Campori

SCELTA

DI

CURIOSITÀ LETTERARIE

INEDITE O RARE

DAL SECOLO XIII AL XVII

in Appendice alla Collezione di Opere inedite o rare

DISPENSA CLVII

Prezzo L. 12. 50

51316

17/10/01

Di questa SCELTA usciranno otto o dieci volumetti all'anno; la tiratura di essi verrà eseguita in numero non maggiore di esemplari 202: il prezzo sarà uniformato al numero dei fogli di ciascheduna dispensa, e alla quantità degli esemplari tirati: sesto, carta e caratteri, uguali al presente fascicolo.

Gaetano Romagnoli

DI

SCRITTORI ITALIANI DEL SECOLO XVI

STAMPATE LA PRIMA VOLTA

PER CURA DI

GIUSEPPE CAMPORI

BOLOGNA

GAETANO ROMAGNOLI LIBRAIO-EDITORE

1877

*Edizione di soli 202 esemplari
ordinatamente numerati.*

N.º 100

STABILIMENTO TIP. SUCCESSORI MONTI

AVVERTIMENTO

Fino dalla seconda metà del secolo XVI il Montaigne scriveva queste parole: « *Ce sont grands imprimeurs de lettres que les Italiens; j'en ai, ce croy ie, cent divers volumes.* » E un secolo dopo, un altro francese, Gabriele Naudé giudicava non potersi alcuna nazione paragonare in questa parte coll'Italia. La quale come fu prima nel raccogliere e nel divulgare corrispondenze epistolari nell'idioma materno, così sovrasta ancora probabilmente agli altri paesi nella copia delle pubblicazioni di questa natura. Nè la ridondanza della merce deve formare impedimento a cumularne della novella, finchè non ne sia apertamente provata l'inutilità e finchè l'opinione del pubblico non vi si mostri ripugnante. E non giova opporre, doversi riservare la pubblicazione

di questa sorta di documenti all'occasione di chiarire la vita dei loro autori
o di testimoniare la verità dei fatti sto-
rici ai quali si riferiscono; imperocchè
posti i medesimi nelle mani di chi non
abbia l'intenzione o l'opportunità di
valersene, rimarrebbero quasi sempre
ignoti a coloro a cui importasse averne
cognizione per uno scopo determinato.

Le lettere che compongono questa
Raccolta pervenuteci da diversi luoghi
e in diversi tempi, abbracciano molta
varietà di materie e possono riescire
ad utilità degli studiosi della storia ci-
vile e letteraria, della biografia, della
lingua e dei costumi, senza toccare di
quelle attrattive che offre la scrittura
confidenziale e segreta di uomini cele-
bratissimi. Rispetto ai quali ci parve di
tener conto più della qualità dei nomi,
che del pregio e della importanza dello
scritto, considerando che ogni linea da
essi vergata sia da custodirsi con venerazione, e conformandoci in questo
agli esempi che ne diedero gli antichi
e ne danno i moderni. E abbiamo fidu-
cia che non ci verrà biasimo dall'avere
dissotterrato e messo all'aperto lettere
dell'Ammirato del Bembo, del Berni,
del Fortiguerra, del Guarini, del Porzio, del Segni, dello Speroni, del Tolomei, del Varchi, e d'altri somiglianti,
se pure per esse non si accresca la fama di chi le scrisse, ed alcune anzi non

abbiano in sè altro merito da quello in-
fuori che loro deriva dal nome che portano in fine. « Dei mezzani ingegni,
scriveva Pietro Giordani, ci basta ritenere ciò che scrissero di più utile e di
più gradito.... ma di quelli che sopra il
mediocre si alzarono al tempo loro, e
pur grandi rimasero nella fama de' posteri, non ci contenta il sapere quel che
fecero di meglio o più divulgato; desideriamo conoscere quali furono e per
quali modi crebbero oltre l'ordinaria
statura. A ciò è necessario avere innanzi agli occhi ordinatamente i loro
studi; neppure trascurando quelli che
furono scala e perciò inferiori al sommo di loro altezza. »

Come ugualmente può rilevarsi dal-
l'indice degli autori, noi ci restringem-
mo con alcune eccezioni ad accogliere
quelli soltanto che hanno lode di ottimi
nel fatto della lingua e sono nella maggior parte approvati e citati dalla Crusca; cosicchè le loro scritture per questa
ragione, se altra non vi concorresse, deb-
bono pregiarsi. Nè crediamo aver fatto
torto alla memoria dei più riputati, in-
frammettendo alle loro lettere quelle di
uomini oscuri in tutto o quasi, confor-
tati dall'esempio del Ruscelli, del Pino,
del Manuzio e di altri compilatori del
secolo XVI. E come in quelle loro raccolte si vede, così si vedrà in questa
nostra talune lettere di personaggi fin

qui ignotissimi vincere al paragone nel
brio e nella naturalezza, le studiate e
corrette di notissimi letterati. Imperocchè dal tempo in cni pigliò voga il costume di mettere in istampa collezioni
epistolari, gli scrittori di maggior grido
preoccupati dell' idea che le loro lettere venissero conservate e divulgate,
si diedero a comporle con ordine e studio, guadagnando nella proprietà e nella
correzione quanto perdevano nella spon-
taneità, pregio principalissimo di cotali
componimenti. E siccome la costumanza
non cessò nei secoli successivi e si man-
tiene tuttavia, così si continuò da molti
a scrivere non solo per la persona a cui
si voleva comunicare le proprie idee,
ma anche per il pubblico che presto o
tardi sarebbe fatto partecipe di quelle
confidenze; di che senza rimontare a
tempi remoti, bastino per saggio le corrispondenze del Perticari, del Leopardi
e di altri fra i moderni. Che se abbiamo dovizia di lettere di Cinquecentisti
ben modellate e tornite, così non l'abbiamo di quelle di primo getto, nelle
quali la mancanza dell'arte e la negligenza della composizione trovino com-
penso nella semplicità e nell' uso della
buona lingua. E in questo pensiero appunto ci risolvemmo di darne fuori
alcune di banchieri e di giovani gentiluomini fiorentini, le quali sebbene la-
scino desiderio di una più ordinata

disposizione dei periodi e di una più accurata osservanza delle regole grammaticali, sono però piene di tanta vivezza e ti danno un cotal vaghissimo saggio della lingua parlata in Firenze, che ci confortiamo non debba, per cagione di questa intromissione, venircene biasimo.

Tre sono le fonti principali alle quali attingemmo: la Biblioteca Vaticana, l'Estense, e la nostra privata. Alla prima appartengono le lettere ai Manuzii; alla seconda quelle agli Estensi, ai Gonzaga, a Francesco Bolognetti; all'ultima la parte della corrispondenza di Ferrante e Cesare Gonzaga, di Carlo Gualteruzzi e dei Ridolfi fiorentini. Queste lettere ricavate nella maggior parte dagli originali, si presentano quali furono scritte dai loro autori senza correzioni, salvo in alcuni casi nella punteggiatura. Esse per quanto si può assicurare sono inedite; ma se qualcuna si riscontrasse stampata, come purtroppo è accaduto della seconda fra le lettere del Bembo, e di alcune di quelle di Luca Contile, quando non eravamo più in tempo di ripararvi, invochiamo l'indulgenza di chi conosce le difficoltà di avere alla mano tutte le pubblicazioni che si fanno di continuo in questo argomento, in opuscoli fuori di commercio, in effemeridi e persino in fogli volanti. Nelle note usammo sobrietà forse soverchia per non ingrossare fuori di misura il volume, procurando però di supplire in qualche modo al difetto, cogli avvertimenti premessi a ciascuna serie di lettere. In ogni altra cosa che ci riguardi, ci affidiamo alla benignità del lettore.

G. CAMPORI

BENEDETTO ACCOLTI

DETTO IL CARDINALE DI RAVENNA

～～～

Poco onore recò alla Chiesa quest'uomo, il quale nato in Firenze nel 1491 di famiglia aretina feconda di bellissimi ingegni, pel favore del Card. Pietro suo zio ottenne il Vescovado di Cadice, poi quello di Cremona con l'Arcivescovado di Ravenna e finalmente la sacra porpora nel 1523. Nella Legazione di Ancona a lui affidata in governo, ebbe accusa di peculato e di altre colpe, e perciò fu tradotto in Castel S. Angelo nel 1535, dal quale potè escire sborsando l'enorme somma di 59,000 scudi d'oro. Sebbene fosse ad un tempo Vescovo di Cremona e Arcivescovo di Ravenna senza risiedere nell'una o nell'altra delle due diocesi, ma godendone però le pingui entrate, aveva volto il pensiero a conseguire il ricchissimo Arcivescovado di Messina come risulta dalla prima di queste lettere e in tale speranza s'era apertamente dichiarato partigiano dell'Imperatore e teneva col più fido e autorevole rappresentante del medesimo in Italia, Ferrante Gonzaga, continua corrispondenza. Ma se allo Accolti mancavano le virtù e le qualità dell'ecclesiastico, non gli faceva difetto la

1

coltura della mente che gli procurò nell'età di 25 anni l'onore di venire associato al Sadoleto nella Segreteria papale. Erudito più che ordinariamente nelle lettere greche e latine, fu lodato da molti per l'eleganza dello scrivere specialmente negli epigrammi e nelle elegie; ma poche composizioni di lui si hanno alle stampe. Finì egli la vita in Firenze l'anno 1549 in istrettezza di denaro e di riputazione.

I.

(AUTOGRAFOTECA CAMPORI)

A Don Ferrante Gonzaga Viceré di Sicilia.

Ill.mo S.or et patron mio osser.mo. Non prima di questa mattina ho ricevuto la lettera di V. S. Ill.ma delli VIIIJ del passato per la quale benignissimamente mi dice il parer suo circa il ritratto delli mille ducati di Monreal, il quale essendo conformissimo alla sua perpetua cortesia et amorevolezza verso di me et parendomi che sia il medesimo apunto, sì come con effetto è, che la potrebbe dare in questo caso al R.mo et Ill.mo S.or suo fratello et mio patrone, et quel istesso che potrei pigliare io medesimo, s'io fussi in li suoi piedi. Li resto tanto obligato di tanta sincerità di benevolentia verso di me, quanto merita un'infinita cortesia apresso alli altri oblighi ch'io li tengo immortalmente aggiunta. Ringraziandonela adunque quanto devo, li dico che io mi contento et resto satisfatto che 'l ritratto delli mille ducati predetti si cavi per via di tratte et così ho scritto alli miei procuratori che debbino fare. Per il che mi resta solo supplicare a V. Ex.tia quel che io so essere più che superfluo, ciò è che la·si degni far consegnare dette tratte in bona forma a li miei procuratori, la qual sia certissima che la necessità in chè mi trovo, mi ha fatto intorno al predetto esser più importuno con lei ch'io non harei voluto, perchè non punto meno spero dalla somma bontà di V. Ex. di quello ch'io penserei che ne potessi sperare il predetto R.mo et Ill.mo suo fratello et mio padrone, al quale io meritissimamente cedo in ogni altra cosa excetto che nell'amare et osservare V. S. Ill.ma, si come la conoscerà sempre verissimamente es-

ser con tutti quelli effetti ch'io saprò et potrò imaginarmi a suo servitio.

Sono avisato dalla corte cesarea
che l' expeditione dell' Arc.do di
Messina passava con molto favore
in benefitio mio et me ne davan
molta speranza. Il che succedendo,
come si spera, potrà essere più che
sicurissima V. Ex.tia che non poteva venire in persona che fussi
più propriamente sua, et della quale
la potessi in tutti li modi più disporre. Il che a me sarà caro succedendo come è detto, non solo per
il favore et honore che in ciò mi
farà S. M.tà Ces. ma perchè si aprirà
maggior campo a V. Ex.tia di exer-
citar la sua somma et solita benignità verso di me, il che son più
che certo li sarà carissimo, e però
m' è parso dargnene il predetto
aviso. Havendo scritto fin qui mi
son sopragiunte lettere di Venetia
del primo del presente, in le quali
è che havendo quelli S.ri disputato
assai se dovevan rattaccar la pace
offertali dal Turco, s'eran risoluti
finalmente di accettare la lega et
di essere con S. M. Ces. et si sono
dichiarati inimici del Turco, sopra

la qual resolutione el S.or Don Lope de Soria dal quale io ho questo
aviso preditto, haveva subito spac-
ciata una staffetta a S. M. Ces.
Piacci a N. S. Dio far fausta una
così santa resolutione per servitio
della sua santa fede, et a V. Ex.tia
humilissimamente et con tutto l'a-
nimo mi raccomando. Da Ferrara
alli iiij di febraro 1538.
Di V. Ex.tia

Affec.mo Ser.re
B. CAR.LE DI RAVENNA

L'extrema necessità in che mi
trovo mi stringe ad esser di nuovo
molesto a V. Ex.tia supplicandola
si degni, se sarà possibile, farmi havere il termine delli cinquecento
ducati che mi doveva questo natal
proximo passato la b. m. dell'arc.o
di Messina sopra le spoglie di detto
arcivescovo; il che se si potrà fare,
V. Ex.tia soccorrerà grandemente
alle necessità mie, et lo porrò a-
presso alli altri oblighi immortali
ch'io ho con quella, alla quale di
nuovo baso la mano e humilmente
me li raccomando.

II.

(L. C.)

Al medesimo

Non poteva più efficacemente Vostra Ex.tia farmi vedere et toccar con mano la sua ottima voluntà verso di me di quel che la s' è degniata fare per quella parte delle sue lettere delli 16 del presente scritta di sua mano, la quale mi ha tanto asserenato et aquietato l' animo quanto merita il vedermi in vera protectione d' un signore tanto valoroso e pieno d' ogni bontà, com' è V. Ex.tia da l' infinita et ex.ma virtù della quale, se ben io non sperai punto meno di quel che tanto vivamente contiene la parte predetta di sua mano, non di meno mi è stato di singular contento il vederlo così bene espresso; del che non renderò per hora a V. Ex.tia gratie con parole, non potendo essere bastante alcun fatto a ringratiarla, et solo santamente gli affermerò che V. Ex.tia non possiede cosa che sia più interamente e propriamente sua di quel che sono io, con ogni mia facultà,

qualunche essa si sia. Del che essendo certo che V. Ex.tia non dubita, et essendo medesimamente
certo che la reputa ogni mio affare
per proprio, passerò a dargli conto
di quel che passò ultimamente in
Roma, del che acciochè sia raguagliata altretanto quanto me, gli
mando l'alligato memoriale manda-
tomi dal Ill.mo et R.mo Car.le di
Coria et inoltre una lettera del'
Imb.re di questo Ill.mo S.or Duca.
Et è juditio di qualunche s'intende
di legge et di ragione, che per la
parte mia si sia tanto cumulata-
mente satisfatto a l'obedientia di
S. S.tà, et al non esser restato nè
restar da me di ubidire, che senza
essere assassinati più violentemente
et impudentemente che alla strada,
non ci si possa far danno alcuno
con spetie alcuna nè di justitia nè
di equità, del qual caso l'Ill.mo
S.or Don Diego ha di già advertita
S. M.tà Ces. Il che non ho fatto io
per ancora stando a vedere un poco più oltre a che fine s'incamine-
rà questo negotio, per poter con
più fondamento, accascando qualche
violentia, ricorrere, et tanto più
mi sono per fin qui contentato del

raguaglio del S.or predetto, quanto
che per quella dichiaratione ch'io
mi riserbavo Ravenna, si è posto
in sicuro quel Arcivescovado et resta solo in sospeso Cremona che è
in potere della Ex.tia V. et per
consequentia che è sicura d'ogni
violentia et iniquità che ci potessi
usar sopra. Starò adunque aspettando quel che seguirà, et occorrendo cosa che importi ne ragua-
glierò sempre V. Ex.tia nella bontà
et valore della quale mi riposo altretanto quant'io farei in me stesso, s'io medesimo fussi in li piedi
di quella. Et con questo facendo
per hora fine, et pregando N. S.
Dio che la faccia felicissima come
essa desidera, gli bacio la valoro-
sissima mano et con tutto l'animo
me le raccomando. Da Firenze alli
XIX di giugnio del 1548.

V. Ex.tia sarà servita di ritener-
si apresso di se il memoriale di
quel che fu passato alli XIII in
Consistorio et rimandarmi la lettera del Im.bre sopradetto.

GIO. BATTISTA AMALTEO

Nella famiglia degli Amaltei di Oderzo come in quella dei Capilupi di Mantova, vissero contemporaneamente tre fratelli poeti lodati di eleganza nel verso latino. Gio. Battista Amalteo che prevalse di merito a Girolamo e a Cornelio fratelli suoi, dopo aver pubblicato nella età di 25 anni un volume di rime latine, fu accettato per segretario dalla Repubblica di Ragusi e poscia dal Card. Carlo Borromeo. E appunto datano dal tempo in cui egli serviva il Cardinale, queste due lettere che furono conoscinte e citate dal Tiraboschi *(St. lett. ital. VII, 1406)* nelle quali si raccomanda a Cesare Gonzaga parente del Borromeo perché gl'impetri una grazia che probabilmente era l'ufficio di segretario del Papa Pio IV, o della Congregazione del Concilio da lui effettivamente ottenuto l'anno appresso. E a più ambiti onori sarebbesi egli innalzato, se nel 1573 la morte non l'avesse rapito nella fresca età di 48 anni.

I.

*All' Ill.mo et Ecc.mo Principe il
S.r D. Cesare Gonzaga a Mantova.*

Ill.mo et Ecc.mo Signore. – Il Signor Giuliano Goselini s'è mosso a
far fare in nome di V. Ecc.a un officio per me de la qualità che le
dirà il S.or Carena suo Secretario
et m'ha affermato, che tenendomi
V. Ecc.a per quel servitor che le
sono, et sapendo quanto Mons.or
Ill.mo suo fratello di gloriosa memoria m'era amorevole S.re et pro-
tettore, è per contentarsi che questa pratica si sia maneggiata nel
modo, che s'è fatto. Di che ho voluto baciarle humilmente le mani,
come fo; et persuadermi che come
a la mia particolar divotione verso
di lei, ho aggiunto anchor quella
che portavo al S.or Car.le suo fratello, così io abbia da trovar cumu-
lato nella cortesia sua tutto quello,
che mi parve haver perduto nella
morte di così gran Patrone. Et poichè la sola autorità di V. Ecc.a ho

cominciato a tirar innanzi et aiutar
qualche mio pensiero , la supplico ,
che si degni di protegermi tuttavia,
et anche prestarmi favore, dove se
le presenterà occasione di potermi
giovare. Et io al incontro mi sforzerò con ogni poter mio di non esser nè ingrato, nè inutile possessor
de le sue grazie, et le resterò ob-
blig.mo finchè avrò vita. Et con
tutta la riverenza et humiltà, che
debbo , a V. Ecc.a bacio le mani.
Di Milano a XIII di Gen.o MDLXVII.

Di V. Ecc.a

Humiliss.o et devotiss.o serv.re
GIO. BATTISTA AMALTHEO.

II.

(L. C.)

Al medesimo.

Ill.mo et Ecc.mo S.re. – Il favor
che a V. Ecc.a è piacciuto di farmi
con la sua lettera scritta a Mons.or
Ill.mo mio Patrone, mi dà a conoscere molto bene qual sia la cortesia sua, e l' obbligo mio. Et vorrei haver modo di mostrar cosi
gratitudine in servirla come mi dà

il cuor di doverla mostrare tenendola sempre in quella venerazione, che debbo, et restandole obbligatissimo in perpetuo. Penso che questa dimostrazione di V. Ecc.a o niun altro mezzo mi sia per giovare, sapendo in che grado di osservanza et d'amor la tiene il Car.le. Ma seguane ciò che piace a Dio, che in ogni successo io confesserò d'esser tanto obbligato a V. Ecc.a quanto le possa esser mai altro servitore: et per tal la supplico ch'anchor ella mi voglia tenere et usare. Et le bacio humilissimamente le mani. Di Milano a XXIX di Gen.o MDLXVII.

Di V. Ecc.a

Humiliss.o et divotiss.o serv.re
GIO. BATTISTA AMALTHEO.

SCIPIONE AMMIRATO

SENIORE

~~~

Leccese di nascita, fiorentino e toscano per elezione, nella gioventù fortunosa vagò per diverse città, mutando
occupazione ed uffici, incontrando pericoli e persecuzioni, finchè posò stabil-
mente in Firenze nel 1570. Cosimo de'
Medici gli diede incombenza di scrivere
la Storia di Firenze e perchè potesse
attendervi con comodità, gli conferì un
canonicato nella cattedrale. Raramente
il benefizio fu corrisposto da un più felice
risultato, imperocchè l'Ammirato riescisse uno dei più operosi e dotti scrittori
italiani del suo tempo. Però non potè
vivere sì lungamente da vedere stampate le sue storie, le quali dopo la
morte di lui accaduta nel 1601 furono
date in luce da Cristoforo del Bianco
suo aiutante di studio ed erede del
nome e delle sostanze. Scipione Ammirato
scrisse assai bene e nelle genealogie si
elevò sopra tutti per la critica e il buon
uso dei documenti. A fornire idea della
sua operosità, valga il fatto da lui ri-
ferito in uno dei suoi opuscoli, avere
egli esaminato in un solo anno più di
6000 scritture.

I.

(BIBLIOTECA ESTENSE)

Al Sereniss.o Principe et sig.re mio oss.mo il sig. Duca di Ferrara.

Ser.mo Principe. – Fra gli ornamenti grandi d'Italia grandissimo ho stimato io sempre esser quello, che ella riceve dalla casa di V. Al.za, la quale già sono poco men di 300 anni, che s'imparentava del pari coi Re Franzesi di Napoli; et con quel Re particolarmente, il quale sdegnò d'imparentarsi con un pontefice di casa Orsina. Perchè havendo io fatto intagliar l'albero di quella casa, la quale è l'istessa che hoggi regna in Francia, con cui di nuovo s'è la famiglia Estense congiunta di parentado, nascendo V. Al.za d'una figliuola di Luigi XII; non ho stimato cosa fuor di proposito di farmi adito col mezzo di questa occasione, mandandogline uno, alla servitù dell'Al.za V.ra. Se la molta benignità sua non disprezzerà questo puro et humil affetto della mia volontà, non vivo fuor di speranza, che io l'habbia di nuovo a comparir talhora innanzi con alcun altro frutto delle mie fatiche. In tanto pregherò Dio che prosperi gli honorati pensieri di V. Al.za a cui io bacio la mano, et con ogni spezie di riverenza raccomando la mia novella servitù. Il primo d'aprile dell'anno 1586 di Firenze.

Di V.ra Al.za

Aff.mo Serv.re
SCIPIONE AMMIRATO.

II.

(L. C.)

Al medesimo (1).

Ser.mo Principe. — `Havendo v.ra Al.za tanto stretto parentado, quanto ella ha con la Casa di Loreno, mi sono dato a credere, che non le sarà discaro veder l'albero e discendenza di quella inclita famiglia. Il quale havendo io ultimamente col consentimento della Ser.ma Gran Duchessa mia Signora fatto intagliare, mando a donare a V. Al.za

(1) Nell'Archivio estense esiste la minuta di risposta del Duca.

16

supplicandola a non schifare di ricever me con questa occasione per
suo umilissimo servidore. Il quale
indegno per avventura di conseguir
questo dono per proprio merito, ar-
disco sperarlo per la compagnia
della cosa, che mi son posto a
trattare; come avviene a' guidatori
di cocchi, o di carrette, i quali per
la necessità dell'ufìcio, che fanno,
seggono in seggio non molto distante
da principi loro; che per altro con-
verrebbe non appressarsi a molti
passi, ove essi dimorano. La divina
bontà protegga la persona dell'Al.za
v.ra e custodisca per molti anni la
gloriosa famiglia sua, chiarissimo e
continuato ornamento per lo spazio
di molti secoli della nostra nobilissima Italia. A XX di settembre 1591
di Firenze.

Di V.ra Al.za

Aff.mo Serv.re
SCIPIONE AMMIRATO.

III.

(L. C.)

Al medesimo.

Ser.mo Principe. – So quanto io
vengo a domandare ad un principe

grande, supplicandolo a leggere una
non breve orazione; ma sapendo
dall' altro canto quanto l'Al.za v.ra
come membro principalissimo della
Rep. Christiana ha sempre tenuto a
cuore il pensiero delle cose Tur-
chesche, come colei a cui è molto
ben noto quanto potrebbono un dì
nuocerci; da questo affidato et dal-
l' esperienza della sua cortesia che
già due anni sono si degnò di veder la discendenza che io le mandai
de Duchi di Loreno, et di rispondermi, mi son fatto ardito a mandarle l' allegata orazione; perchè
almeno fattala vedere ad uno de
suoi segretarj, se ne faccia in ristretto dir quel che ella contiene.
A V.ra Alt.za Ser.ma bacio la real
mano; pregando che il Sig.re Iddio
le dia le felici feste, et questo nuovo
anno che soprasta e molti altri appresso le faccia sentir prosperi e
felici. A 23 di dicembre 1593 di
Firenze.

Di V.ra Alt.za Ser.ma

Aff.mo Serv.re
SCIPIONE AMMIRATO .

IV.

(L. C.)

Al medesimo.

Ser.mo Principe. – Tale qual io mi sia, et non mi è incognito esser humilissimo, e bassissimo soggetto, non posso come uno della Rep. Christiana in tanto bisogno di lei tener la bocca chiusa; et già il Pontefice, e il Re di Spagna han ricevuto, et senza alcun dubbio letto due mie orazioni per ciascuno; nè negano gl' Ill.mi suoi nipoti haver il Papa da ciascuna di esse ricevuto conforto, l'uno de quali me ne scrive anche in nome della S.tà Sua istessa; dal quale stimolo tuttavia tirato, et sapendo come predica a piena bocca tutta Italia, quanto gran parte de' nostri affari può esser la persona dell'Alt.za V.ra, non solo come principe d'Italia, che pur è de' grandi et dè' maggior, che vi sieno, ma come guidatore et Cap.no degli eserciti Cristiani; non ho potuto ritenermi di non dir intorno al medesimo soggetto alcuna cosa all'Alt.za V.ra. Nella qual materia se io in alcun modo fallassi, in questo son

sicurissimo di non errare, che non
da altro, che da vero zelo del servizio di Dio, et dell'honor del Cri-
stianesmo et particolarmente della
nostra Italia mi son messo in queste fatiche. Scusimi dunque l'Alt.za
V.ra, tenendo per costante, che non
per lusingarla, come gli inferiori
soglion fare co' grandi, ma di vero
cuore queste cose le scrivo; non
potendo senza lagrime intendere,
che pervenuta Strigonia il primo
di settembre in poter de Cristiani,
si sia stato quell'esercito in stagione vicina al verno quattordici
giorni ozioso senza far nulla; nel
che si sarebbe forse continuato anche per alcun altro, se la zelante
importunità dell'Ecc.mo Sig.r Don
Giovanni de Medici non havesse
impetrato sopra le sue spalle l'espu-
gnazione di Vizzegrado. Il rispetto
di non noiar l'Alt.za V.ra mi ritiene
di non dir molte cose, che mi scop-
pia il cuore di sfogarle, ma basti
questa volta, et degnisi di legger
la canzone che l'envio, et l'orazione
del Pontefice in quella sola parte
dove io benchè non nominandola,
accennava la persona dell'Alt. V.ra
a car. 23 segnato fuor di mia ma-

no: Il Ser.mo di Ferrara; a cui con ogni riverenza bacio la real mano. A dì 14 di settembre 1595 di Firenze.

Di V.ra Alt.za Ser.ma

Aff.mo Serv.re
SCIPIONE AMMIRATO.

V.

(L. C.)

Al medesimo (1).

Ser.mo Principe. – Io non posso nè voglio negare, che io non sommamente desideri di rendermi benevola la grazia dell'Alt.za V.ra; poichè quando niuna altra cosa mi spingesse a ciò fare, è lode non piccola agli uomini della condizion mia l'esser conosciuti non che amati o tenuti cari da principi dello stato et grandezza, in che ella è posta. Ma se in questa parte, che io parlo con Nostro Sig.re dell'elezione del Capitano, capo tanto importante nel-

(1) Il Cav. Prosperi Residente estense in Firenze con lettera del 3 di marzo diede avviso al duca dei ringraziamenti e delle lodi fatte in nome di lui all'Ammirato per il dono del libro cui si riferisce questa lettera.

l'opere militari, io ho havuto innanzi a gli occhi altro oggetto, che la gloria di Dio, e 'l beneficio della Cristianità; non acquisti io fede nè con V. Alt. nè con la Santità Sua, nè con persona del mondo di quel che tanto ardentemente desidero. Hora come ho fatto con N.ro Sig.re così ancor mando questa oratione all'Alt.za V.ra, acciochè la faccia vedere ad alcuno de suoi segretarii per poterla prima che si dia alla stampa, correggere, dove io havessi in alcuna cosa di quelle, che alla sua persona appartengono, preso errore: et con ogni reverenza e humiltà a V. Alt.za bacio la real mano, pregandole dal Sig.re Iddio il conseguimento d'ogni suo Cristiano et magnanimo desiderio. A dì X di febbraio 1596. Di Firenze.

Di V.ra Alt.za Ser.ma

Aff.mo Serv.re
SCIPIONE AMMIRATO.

GIO. MARIA BARBIERI

~~~

È notabile come in Modena nel secolo
XVI la letteratura provenzale vantasse
due insigni cultori, Gio. Maria Barbieri
e Lodovico Castelvetro e come tre secoli
dopo, quella nobile tradizione venisse
nella stessa città con grande onore
raccolta e continuata da Giovanni Gal-
vani. L'aveva il Barbieri appresa nel
tempo della sua dimora in Francia, e in
Italia se ne era fatto maestro all'amico
Castelvetro; ma distratto dalle cure can-
celleresche, scarsissimo saggio potè produrre della sua dottrina in quella e
nella lingua materna che sapeva per-
fettamente, tuttochè da queste lettere,
le prime a essere pubblicate di tale autore, non se ne possa formare sicuro giudizio. Ma più ampia dimostrazione della
sua perizia ci offrono i partiti del Comune di Modena da esso redatti e di
suo pugno scritti, i quali per la concisione, per la chiarezza, per la proprietà
della frase sono un modello di tal fatta
scritture e sarebbero a proporsi con
grande utilità allo studio dei moderni
segretarii e d'ogni sorta di pubblici officiali. Nei tempi più prossimi a noi va-

lenti letterati si occuparono del Barbieri.
Il Tiraboschi ne pubblicò l'inedito Trattato sulla origine della poesia rimata;
il Valdrighi i sonetti egualmente ine-
diti in difesa del Castelvetro nella famosa controversia col Caro; il Pederzini
ristampò la Guerra d'Attila traduzione,
o meglio elegante e dotto compendio
fatto dal Barbieri di un antico manoscritto francese.

I.

(BIB. ESTENSE.)

*Al Molto Mag.co S.r Alessandro
Sardi S.r mio oss.mo a Ferrara.*

Molto Mag.co Sig. mio oss.mo. – Un
M. Giovanni Belloti medico in Roma
e mio amico a richiesta di un altro
suo amico mi scrive che io voglia
fare opera di trovare il libro di M.
Pellegrino Prisciano delle Antiquità
di Ferrara, e perchè io non l'ho,
nè mai l'ho veduto, ricorro a V. S.
che so aver copia di tai libri, ed
averne veduti di tutte le sorti in
questo genere, per sapere come si
potesse fare che l'amico mio per
mio mezzo potesse compiacere quel-
l'altro suo: la pollice del quale scritta

in questo soggetto al Belloti, mando
a V. S. acciochè mi possa avvisare
circa i particolari contenuti in quella,
ed io poi di mano in mano ne darò
avviso a Roma. È ben vero che se
'l libro si potesse avere facilmente,
e che non ecceda il costo del mezzo
scudo, mi sarebbe più caro di averlo,
che d'avere a scrivere per non mandare la cosa al longo, però se v'è,
come di sopra, V. S. mi farà grazia
di mandarlomi avisando del costo
che io subito gli rimetterò il denaro,
se non, mi darà aviso di modo che
io con la sua letera possa giustifi-
carmi di avere fatto il debito per
servire l'amico: e trattanto mi a-
verà in sua grazia servendosi di
me alle occasioni, con che le bacio
le mani. - Il dì xxiij di Marzo 1571.

Di V. S.

Servitore

GIO. MARIA BARBIERI.

II.

(ARCH. ESTENSE)

Ai Molti Mag.ci S.ri Fattori du-cali Generali S.ri miei sempre oss.mi a Ferrara (1).

Molto Mag.ci S.ri miei oss.mi. - Piacque a Sua E. Ill.ma di assegnar-mi scudi venticinque d'oro l'anno sopra la gabella di Modena in feudo pagandone ogni anno una penna da scrivere alla Camera ducale, come ne appare investitura fattami per le SS. VV. rogato M. Aurelio Turino. La quale investitura è stata regi-strata qui su i libri della Massaria con letere direttive al capitano Hip-polito Rocca, che mi dovesse pagare ogni anno i detti denari, et così fu fatto per due anni, ch'egli è stato Massaro. Hora sendo entrati nuovo Massaro, et nuovi conduttori delle entrate ducali, pare che si conten-tassero assai di haver di nuovo commissione di pagarmi l'assegna-mento dei 25 scudi per lo tèmpo

(I) Questa lettera è citata dal Tiraboschi (*Bibl. Modenese l.* 152).

della loro condotta; onde io prego le SS. VV. che per soddisfattione dei detti conduttori et per comodo mio si degnino scrivergli una lettera per la quale gli commettano, che debbano eseguire il sopradetto assegnamento in conformità della investitura, et del volere di Sua E. acciochè io mi possa valere del denaro in un mio urgente bisogno, che del tutto ne restarò con obligo alle SS. VV. alle quali bascio le mani. Di Modena il dì VIII di Maggio MDLXXI.

Di VV. SS.

Servitore

GIO. MARIA BARBIERI.

AGOSTINO BEAZIANO

~~~

Beatiano si soscrive egli in questa lettera, alla quale è da prestare più fede che agli stessi suoi contemporanei ed amici, il Bembo, il Castiglione, il Franco, il Navagero, l'Arsilli, che lo denominarono Bevazzano o Beazzano. Costui fu uno dei tanti letterati famigliari di Leone X, amico e compagno del Bembo nei negozii e negli studi, poeta italiano e latino di non poco credito, della qual cosa doveva egli essere molto convinto se non dubitava di raccomandare con questa lettera citata dal Tiraboschi (*St. lett. VII 1378*) un nipote suo a un principe di grandissima autorità, col quale non aveva mai avuto in avanti alcuna relazione. Il Beaziano oriondo di Venezia, nacque e morì in Treviso dove passò gli ultimi diciotto anni della sua vita.

(COPIA NELLA BIB. ESTENSE)

All' Ill.mo et Ecc.mo
Sig.re D. Ferrante Gonzaga.

Ill.mo et Ecc.mo Sig. mio sempre obser.mo. Il chiaro nome de la va-

lorosità de la persona di V. S. et
la cortesia con le altre virtù di lei
che la fama va portando intorno,
m'hanno fatto ardito di qualità,
che da lei non essendo conosciuto
senza 'l mezzo di alcuno, io sia
devenuto a dimandarle grazia, et
che ancho io speri di ottenerla. Io
mi trovo questo Nipote, il quale
sazio di lettere, o per dir meglio
fastidito, si pensa di volersi tran-
sferire a le arme. Il qual desiderio
è il primo di quanti ne gli huomini
si trovano, et conoscendo che al
tempo nostro non è chi sia più atto a questo esercizio de la Ill.ma
et Ecc.ma S. V., ho giudicato che
sel non riesce ne la Corte, et ne
la disciplina di lei, potrà lasciár
l'impresa per non affaticarsi in
vano, et però la S. V. Ill.ma et
Ecc.ma si degnerà ai prieghi d'un
servitor suo riceverlo et darli modo di intertenersi, finchè sia veduto che speranza haver di lui si
possa, perchè io non lo dò a la
Ecc.za Vostra, se non per quanto
el riuscirà secondo che l'animo suo
richiede, ch'è, che 'l diventi quale
la milizia dimanda, et basciando la

mano de la Ill.ma et Ecc.ma S. V.,
ne la buona grazia di lei mi ricomando. Di Trevigi a li XXIII di
Zugno del M. D. XLVII.
Di V. S. Ill.ma et Ecc.ma

Obsequentissimo Servitore
AGOSTINO BEATIANO

ALESSANDRO BELLANTI

~~~

Di questo scrittore escito da una delle principali casate di Siena, trovasi menzione nelle lettere del Tolomei e del Contile. Quest'ultimo proponendolo nel 1542 per segretario al Co. Camillo Borromeo col quale stette alcuni anni, scriveva di lui ne' seguenti termini. « È un gentiluomo da bene di anni XXXV o poco meno, accostumato, di bella presenza, di vertuoso giudizio, intende bene le cose del mondo, desideroso di honore e d'acquistarsi con le sue virtu amicitie e favori, ornatamente detta lettere, ha memoria delle storie, si diletta di poesia volgare et è in somma huomo da esser grato et accetto a ogni Prencipe ». Notevole è questa lettera del Bellanti per le tre ottave di Claudio Tolomei probabilmente inedite, e per la qualità della dama cui essa e indiritta. Isabella Brisegna moglie di Garcia Manrique spagnuolo governatore di Piacenza, sedotta in Napoli dalle dottrine del Valdez abbracciò il protestantesimo, nè potendo ottenere dal marito il permesso di professarlo apertamente, si rifugiò a Chiavenna.

(AUTOGR. CAMPORI)

All' Ill.ma S.ra Padrona mia sin-
gulariss. la Sig. D. Isabella Bre-
segna Manriche.

Troppo più del debito et desiderio
mio Ill.ma S.ra, sono stato a respon-
dere a la vostra cortesìssima lettera;
di che è stato cagione che già molti
giorni sono mi guastai un piede di
sorte che ancora non son securo
d'haverne a restar libero in tutto:
onde essendo forzato a non uscir di
casa, non ho potuto fin ad hora
andar a parlare a M. Honorata (1),
et intendere se la voleva ch' io vi
scrivessi cosa alcuna a nome suo,
come mi pareva che fusse debito
mio, poi ch' ella aveva quasi più
parte nella vostra lettera, che io
medesimo ; con la quale voi Signora Ill.ma con un sol offizio di cor-

(1) Meritamente loda il Bellanti la sua concit-
tadina Onorata Tancredi, gentildonna molto virtuosa ed istruita che ad istigazione di Luca Contile fu eletta compagna e governatrice della gio-
vanetta Ippolita Gonzaga maritata a Fabrizio
Colonna nella fine del 1548, e con essa rimase
fino alla morte della medesima avvenuta in Napoli nel 1563 Onorata ebbe corrispondenza letteraria col Contile suddetto, coll' Aretino, con
Bernardo Tasso, col Tansillo ed altri.

tesia avete fatto grandissimo favore a due vostri humilissimi servitori i quali hariano per grazia
singulare che voi vi degnaste alcuna volta recordarvi di loro : con-
siderate adunque quanto la grazia
divien maggiore, poichè voi, scrivendo a l'uno vi dimostrate, con
tanta humanità, affezionatissima e
de l'uno e de l'altra, di che vi
ringraziano infinitamente, e ve ne
restano con quel obligo che s'acconviene a tanta cortesia, et io
con tanto maggiore, quanto che in
me non è merito alcuno, dove in
lei ne sono molti ; ben che non
però tanti che possino meritare interamente la grazia vostra : ma che
dico io interamente? sapendo che,
poi che voi sete divina, non può
meritar la grazia vostra una creatura humana ; essendo che dalle
cose humane che son finite a le
divine che sono infinite non può
esser proporzione alcuna : onde si
potria forse dire che se bene in
tutte l'altre cose, io son molto,
molto, inferiore di meriti, a M. Honorata ; nel meritar la vostra grazia le sono eguale, e nel conten-
tarmene forse, forse, superiore : si

come (ad un simil proposito per
quel ch' io creda) provò già il ver-
tuosissimo M. Claudio Tolomei con
questi veramente divinissimi versi:

A l' infinita vostra alta bontade,
  Si volge ognun, come a cagion sua prima:
  Ma chi lungi da lei, vil verme cade,
  E chi vola com' Angelo a la cima:
  Questi con brevi, e quei con lunghe strade,
  Gioir nel vostro lume amando stima:
  Io che discosto, appena l' ali stendo,
  Men de gl' altri gioisco, e men n' apprendo.

Anzi non più di me son gl' altri appresso,
  A l' ineffabil vostra vertù vera;
  E tanto manca a lor quanto a me stesso,
  Per gire al sommo ben che s'ama e spera;
  Ch' a bass' alma mortal non è concesso
  Avvicinarsi a tal bontade intera;
  E da voi, quasi da infinito Iddio,
  Tant' è altri lontan, quanto son io.

E. forse ancor ch' a me ne manca meno;
  Benchè lontan vi giri, e gl' altri intorno;
  Che chi più vi conosce e più v' è in seno,
  Più vi desia, e men ne resta adorno.
  Io fatto già di vil fango terreno,
  Cui poco chiara luce aperse il giorno,
  Col picciol lume ch' ho ne l' alma desto,
  Ben ch' io n' apprenda men, più sazio resto.

Hor come questo si sia, basta
che voi S.ra divina, potete esser
secura che noi non potremo lodarvi mai tanto che chiunque poi vi
conoscerà, non dica che i vostri
meriti avanzino di gran lunga il
nostro ingegno, il quale (nel vero)
troppo mal corrisponde a quel in-

tenso e continuo desiderio che haviamo di lodarvi. Vi ringraziamo
finalmente de l' amorevoli e cortesi offerte che ci fate; e vi pre-
ghiamo S.ra Ill.ma che si come noi
saremo pronti a supplicarvi in ogni
nostra occorrenza; così voi vi de-
gniate comandarci sempre che co-
noscete che noi siamo buoni a servirvi. Vivete felice. Di Roma a li
XV d' Agosto 1549.

Humiliss,o Ser.re
ALESSANDRO BELLANTI

PIETRO BEMBO

Aggiugniamo queste tre brevi lettere al voluminoso bagaglio epistolare del celebre veneziano, per onorare la memoria dell' uomo che tanto operò perchè la favella che si diceva volgare ripigliasse il seggio che le contrastava la lingua madre. Carlo Gualteruzzi da Fano cui è indiritta la terza, fu il più caro e fidato amico del Bembo, anzi tenuto da lui in conto di fratello, così che le sue lettere, diceva egli, tornargli tanto gradite che non sapeva levarsele di mano, se non le aveva più volte rilette. E il Gualteruzzi poichè fu morto l' illustre amico, ne raccolse gli scritti e ne curò la pubblicazione.

I.

(ARCHIVIO DI MILANO)

Allo Ill.mo signor Federico de Gonzaga Marchese primogenito della Ill.ma signora Marchesa de Mantoa signora mia obser.ma.

Ill.mo signor mio honorevolissimo Commen. Ho facto quanto V. S. mi comandava per ottener la

gratia per el R.do Mons.re de la
guardia Medico et Thesorero di
quella. La S.tà de N. S. l'ha con-
cessa volentieri et molto benigna-
mente per respetto de V. S. et dela
signora March. sua Madre in cui
potestà la mando. Resta che V. S.
si serva di me et me commandi in
ogni cosa ch'io sia atto a servirla
et satisfarla, che sempre mi troverà prontissimo.

A V. S. mi racom.do

Romae XXIII octobris MDXIII.

Servitore di V. Ill. S.
PIETRO BEMBO.

II.

(BIBLIOT. ESTENSE)

*Allo Ill.mo et Ecc.mo S.or oss.mo
il S.or Duca di Ferrara.*

Ill.mo et Ecc.mo S.or oss.mo Ringratio grandemente v.ra Ecc.tia
della gratia che ha fatta alli figliuoli di M. Giovanni Castelvetri
per la intercession mia, conceden-
doli che per doi anni anchora possano seguitare i loro studij Pado-
vani: del che io ne sento a v.ra

Ecc.tia tanto maggiore obligo, quanto son fatto certo, che non si saria mossa facilmente a ciò fare, se non fosse la buona volontà sua verso me, et la stima che ella fa dell'antica osservantia mia. Mi confido nondimeno che questa sua gratia habbia a resultare così in sodisfattion di lei, dando commodità ai suoi sudditi di farsi valenti; come in honore et utilità di quelli giovani. Io certamente terrò sempre memoria della cortesia che v.ra ecc.tia mi ha dimostrata. Alla cui buona gratia mi raccomando.

Di Roma alli VIII d'aprile M.D.XL.

Affezionatissimo et antico servitor di V. Ex.a

P. CAR. BEMBO.

III.

(AUTOGR. CAMPORI)

*Al mio M.co Compare
M. Carlo Gualt.*

Compare M.co Vi priego siate contento di informarvi da M. Giovanni Agostino se Mons. nostro da la Casa ha molto caro quel suo fanciullo Musico Francese. Questo dico: perchè io so che già lo volle dare a Mons. M. Giovan Gaddi. Et se trovaste che egli grandemente caro non gli fosse, liberamente et semplicemente pregaste (sic) S. S. ad essere contento di darlomi, promettendogli che esso me ne farebbe un singular piacere, e ne gli sentirei infinito obligo. State sano.

P. CARLIS BEMBUS TUUS.

ERCOLE BENTIVOGLIO

~~~

Nato di principe in Bologna l'anno 1506 passò tutta la vita in condizione di privato, esule e disagiato. Nelle sventure della famiglia e proprie ebbe dalle lettere un conforto che tanto doveva parergli più caro, quanto meno n'era debitore alla cieca fórtuna o al favore degli uomini. Scrisse commedie e satire molto pregiate e in questa parte tiene uno dei primi luoghi dopo l'Ariosto. Visse lungamente in Ferrara accarezzato e spesato da quei Duchi e poscia si trasferì in Venézia dove morì l'anno 1573. Queste sue lettere però, la prima nelle quali fu da lui scritta nell'età di 14 anni, non valgono a gran pezza i suoi versi.

I.

(ARCHIVIO DI MANTOVA)

Ill.me ac Ex.me D.ne Isabelle Estensis de Gonzaga Mantue March. D.ne mee sing.me.

Ill.ma et Ex.ma D.na D.na mea singul.ma ultra che summamente regratij lo Ex.so et magnianimo

S.re Ferante (1) de le due signio-
rile et pompose veste per sua S.ia
donatomi et che li prometta esserli
in perpetuo servitore, cum il mezzo
di questa mia et como ad boca li
dirà Mes.r Antonio Castellano nostro, etiam da vostra Cel.ne, qual
sempre per humanità sua me amò,
conosco il presente: unde haven-
dogline perpetuo obligo: gli ne
rendo quelle piu accomodate gratie
mi siano possibile, cum firmo animo
se serva di me in omne tempo,
como di qual altro servitore, et le
golderò ad gloria et triumpho de
la S.ia V.a et Ill.ma Casa da Gonzaga et felicissima valeat: Ferrariae
octava aprilis 1520.

De V. Cel.ne humile et devoto servo

HERCULE BENTIVOGLIO.

II.

(BIB. ESTENSE)

*Al molto Mag.co et honorato
Sig.re Francesco Bolognetti come
fr.llo osser.no a Bologna.*

Molto Mag.co S.re come fr.llo. Con
quelli più efficaci e affettuosi rin-

(1) Gonzaga.

gratiamenti di core che imaginare
si possono in queste poche righe,
molto honorato S.r Francesco novo
splendore della generosa patria nostra, ringratiovi di tanta amorevolezza e cortesia, e di tanto piacere
e favore che fatto mi havete. E
certo duolmi grandemente che le
deboli forze del mio ingegno non
siano bastanti a rendere a V. S.
le debite gratie con quella arte e
con quelle ornate e scielte parole
che all'obrigo mio et alla sua virtù
et ai meriti suoi si converrebbero.
Hora io la certifico che non potevo
ricevere al mondo cosa più cara e
più desiderata di cotesto novo he-
roico poema (1): il quale sarà da
me riposto tra i miei più cari libri,
e letto e riletto con infinito piacere, e con perpetua memoria del-
l'amicitia vostra e dell'obrigo grande
che debbo haverle, mentre havrò
vita, di così caro e pretioso dono.
Così con essolei mi rallegro della
felicità del suo divino ingegno che
sì glorioso parto ha novamente
prodotto con tanto aiuto e favore
di Apollo e di Minerva, che potrà

(1) *Il Costante* poema composto dal Bolognetti e
pubblicato in quell'anno.

gire libero e sicuro da i feri morsi
de gli invidi e maligni: e non ha
bisogno di lima nè di avertimenti,
nè di correttione d'altrui. Ralle-
gromi similmente col natio nostro
picciolo Reno, che più non havrà
invidia a l'antico Arno, nè al su-
perbo Eridano: anzi di loro si terrà
più famoso per la virtù del suo novo
sì glorioso epico scrittore. Resta
dirle, che la prego a rinfrescarmi
spesso nella sua memoria, e comandarmi da fratello se in qualche
occorrenza sua le posso fare bene-
fìcio e piacere, e basciandole la
mano le prego ogni compiuta felicità. Di Ferr.a Il 4 di aprile del
1566.

Di V. S. come jr.llo
HERCOLE BENTIVOGLIO.

III.

(Autogr. Campori)

all' Ill.mo Signore mio Osser.mo
Il signor Cornelio Bentivoglio.
A Ferrara.

Ill.mo signor mio Osser.mo

Perchè alli giorni passati V. S.
Ill.ma mi scrisse, che le mandassi

una minuta dell Instrumento che
s'ha da far tra lei, et il sig. Hip-
polito suo figlio et me delli cento
ducati, che ella ha detto di uoler
darmi l'anno per l'afìtto della metà della possessione che già godeua
il sig. Hermes defunto et della qual
mi consegnò il raccolto l'anno passato; m'è parso mandar costì à posta il Geno con uno mandato fatto
nella persona di M. Aless.ro Bentivoglio mio fratello, et di esso Zeno
in solido per far detto Instrumento,
essendo già passate le feste di pasqua et uicino il tempo del riccolto.
Però l'essorto, et prego, uolendo
che tal accordo uada innanzi, che
sia contenta di dar ispeditioni àd
esso contratto in quella forma et
con quelle clausole, che si contengono nella detta minuta che li mando, et mandarmi li ducati cinquanta
per l'affitto, che debbe incominciar
à pasqua passata 1572 si come in
una sua mi ha promesso di fare,
et mi farà cosa gratissima, alla
quale bascio la mano con ogni amorevolezza et riuerenza

Di Venetia, alli 9. d'aprile 1572.

Di V. S. st.ma Riv. Ser. aff.mo

HERCOLE BENTIUOGLIO.

FRANCESCO BERNI

~~~~

Le lettere di Francesco Berni sono
doppiamente rare: perchè poche di numero e perchè si notano fra le più belle
che siano state scritte nella nostra lingua. Ognuno intende come questo sup-
plemento inatteso che noi rechiamo alle
trenta lettere di lui, le sole che furono
date in istampa, debba essere lietamen-
te accolto dagli amatori della pura favella e delle toscane eleganze. Non si
riconosce in esse l'autore dei capitoli e
dei sonetti licenziosi, ma bensì l'uomo
giusto e di retta coscienza, che tale
deve giudicarsi chi scriveva queste parole: « io sono tanto lontano dal pensar
solo che per acconcio mio si faccia cosa
che non stia bene, che più presto starei
a patti di perdere ciò che ho al mondo,
non che la pensione che mi pagate. »
È di grande modestia dà saggio tenendo le sue rime in conto di *baie* e repu-
tandosi inferiore agli anonimi composi-
tori di pasquinate in Roma, affermando
che « in comparatione dei più tristi
poeti di Pasquino, io non sono nè ancho Bavio o Mevio. » Mostrasi altresì
repugnante a dar fuori dei suoi versi,
e si scusa di non averne dei nuovi, in-
colpandone la sua *venaccia oppilata*. E
già nel dialogo contro i poeti, egli si

era doluto di aver scritto poesie e protestava non volerne più comporre. « Così, diceva egli, ti ridico adesso e confermo che mi spoeto. » e soggiungeva, « se da mo' innanzi, compare, tu trovi che io faccia mai più versi (se non comandato da chi può sforzarmi) dì ch'io sia un can traditore. » Dalle quali parole siamo indotti a pensare che quelle rime nelle quali offese il buon costume nella più larga misura, fossero da lui scritte piuttosto a suggestione di chi aveva autorità sopra di lui, che di spontanea volontà, sapendosi che egli non volle parteciparle al pubblico, al quale furono date a conoscere soltanto dopo la morte di lui.

Di questa lodevole ritrosia del Berni e delle astuzie che dovevano impiegare gli amici suoi per istrappargli dalle mani le rime, abbiamo nuova e sicura testimonianza in due lettere di Nino Sernini da Cortona di cui è copia nella Estense. Era costui molto familiare di casa Gonzaga e adoperato in Roma in que' servizi ai quali le sue relazioni con gentiluomini, letterati ed artisti lo rendevano adatto. Fra le altre commissioni, aveva quella di procurarsi quanti versi escivano dalla penna del Berni per compiacere a D. Ferrante fratello del Duca di Mantova, che sommamente se ne dilettava. Nelle prima di dette lettere dirizzata da Roma il 7 di giugno del 1533 a Gio. Mahona Segretario di quel

principe, il Sernini avvisa l'invio del
noto Capitolo berniesco al Fracastoro.
« Io penso, scrive egli, d'havervi a satisfare tanto con questo Capitolo, se
però prima d'ora non l'havete visto,
che poco vi curarete ch'io vi scriva
altra cosa. Il Capitolo è del M.ro cioè
del Berni scritto a quel Fragestoro medico, il quale in versi latini ha fatto
quell'operetta del mal francese, et fu
fatto al tempo che il Berni era con
Mons. di Verona, vi manca solo il ter-
zetto che vedrete, come vi scrivo ve lo
manderò. Io non intendeva quell' *Vsse*,
non so se questo vocabolo è alise (sic),
noi non l'abbiamo: li Fiorentini l'intendono che vuol dir *Zinchera*. Hor
questo vi basti per la chiarezza et origine del capitolo, non mancherò di
provedervi di simili intertenimenti,
spartendogli per ogni procaccio ». Ma
furono promesse vane perchè il Berni
o non poneva in iscritto le sue poesie,
o non vi dava gli ultimi perfeziona-
menti o con grandissime difficoltà ne
faceva copia agli amici. In questo
argomento il Sernini in altra lettera
dei 21 del mese istesso discorreva di
questa maniera. « Piacemi che 'l Capitolo sia riuscito et altretanto mi
duole per le facende che vederete che
ho per la lettera del Sig. di non havervi possuto mandar degli altri ancor che con difficoltà si cavano dal
Berni; il quale non ha copia, ma tutti

gli ha alla mente, hora pensate che bisogna truovar la luna in buon termine
e far che lui habbia pazienza di scrivergli o di dirgli ch'altri gli scrive:
però mi parrebbe che voi in la lettera
che 'l Sig. mi scrive mostrasse d'hauer
piacere ch'io gli mandassi degl'altri,
et che il mandato sommamente gli piacesse, et ch'in suo nome gli dimandassi
degl'altri che penso agiunto questo stimolo all'amicizia ch'auemo insieme facilmente gli si potrebbono cavar di
mano et s'il diavol volesse che ci desse quello de l'entrata che feciono in Roma i Colonnesi et quel dì l'aco del quale
non credo che ne farà niente, non du-
biio che in genere suo voi direste che
mai hareste pensato che si potesse fare
una simil cosa, ma bisogna voi scriviate
che subito letti il Sig. gli stracciarà et
che trovandosi costui in ocio ha gran
desiderio di vedergli ». Qui vediamo
accennarsi a un componimento su l'entrata de'Colonnesi che non si legge fra le
rime del Berni che sono a stampa, e al
capitolo dell'Ago, che il Sernini in una
successiva lettera del 3 agosto scriveva
non poter promettere, perchè il Berni
« l'ha troppo per buona robba et ape-
na la recita agli amici molto stretti. »

I.

(AUTOGR. CAMPORI)

A Carlo Gualteruzzo da Fano in Roma.

Mag.co M. Carlo mio. El S.r M. Gio. dalla Casa mi mostrò la vostra lettera nella quale mostrate di desiderare d'haverne una dall'Ill. S.r Alexandro (1) qui per il negotio della parrocchiale di Santa +, la quale subito vista andai da S. S. et la impetrai in buona forma, et a cautela la ho fatta far duplicata, et una ne sarà forse con questa, se no la darò a M. Gio. che ve la mandi, l'altra mi ha promesso il S.r medesimo di mandar da se scrivendo a quel Governatore per l'ordinario, et di più mi ha detto che se vostro fratello non vi ubidirà a questa prima volta, ch'alla seconda troverà modo ch'egli ubbidisca. Hora io vi prego M. Carlo mio per la nostra amicizia e per la vostra virtù che deliberiate di questo negotio secondo quello che si conviene ad huomo cristiano come so che

(1) Alessandro Medici Duca di Firenze.

siete. Non mi intendo di quelle permute ne' partiti de' Benefitii, et credo che fra voi et el S. Pero nostro la cosa andrà santamente et rectamente, pure per l'officio mio che è d'amarvi et ricordarvi il ben vostro et la salute dell'anima vostra, non posso lasciare d'esser correpto in scrivervi queste poche parole, et dirvi ch'io son tanto lontano dal pensar solo che per acconcio mio si faccia cosa che non stia bene che più presto starei a patti di perdere ciò che ho al mondo, non che la pensione che mi pagate, si che deliberatene pur maturamente et con tutta la serenità dell'animo et della conscientia vostra, et mi raccomando a V. S. et alli amici. Da Firenze alli XXIIIJ de Maggio MDXXXIIIJ.

El vostro Sr.

FRANC.CO BERNI

II.

(L. C.)

Al medesimo.

S.r M. Carlo mio. Quantunque la vostra lettera di V. non habbi bisogno di molta risposta, pure per non pretermettere la occasione di ragionar con voi et mostrarvi che vi amo et stimo farò questi versi et dico che quanto alla cosa del presidente mi piàce assai che siate in via di poter far senza lui, così volesse Dio che poteste fare ancora senza ogni altro e fuste contento immediate et gratuitamente. Io sempre che mi richiederete sarò pronto a servirvi in ogni vostra occorrentia semplice, pensate che dovrò anche essere in quelle che concernono lo interesse mio.

El mercante faceva difficultà in pigliare li scudi perchè non era informato del negotio, et dubitava, secondo che mi scrisse poi, di non preiudicarmi pensando che fusse qualche pagamento strano, et insomma fece a fine di bene, non voglio che habbiate lui in ordine *ceterorum achivorum*, che in verità è gentilissimo, e quando haveste la sua amicitia non vi sarebbe punto disutile nè discara. Ringratiovi delli officii che fate per me con Mons.r et con M. Gio. che son due persone delle cui nature et animi Dio sa quanto io fo conto. Quel gaglioffaccio suol pure ancor egli esser buon compagno, et non posso già credere che el favore et la grandezza li habbi tolto sì fatta felicità se voi non me lo dite expressamente. Tenetemi in sua gratia *quantum sinit*, e del resto raccomandianci a Dio. Sono ragguagliato del stato di N. S.re quando sì et quando no, però mi è carissimo esserne ragguagliato da voi, et maxime di quelle minutie che fanno altrui honore, piaccia a Dio che il bene che si è cominciato ad intender di S. S.tà da dieci giorni in qua si conduca a perfectione a ciò che noi con tutto il mondo siamo sicuri et lieti. Mi fia anche caro, se havete otio, esser ragguagliato del processo di questi benefitii, et a che fine li menate. Quando sete col R.mo mio S.or Santi 4, (1) vi prego basiate le mani a S. S. R.ma in mio nome, et mi raccomandiate al S.r M. Pero.

Di Mugello alli XX di settembre MDXXXIIIJ.

El vostro S.re

FRANC.O BERNI

(1) Antonio Pucci Fiorentino, detto il Card. Santi Quattro.

III.

(L. C.)

Al medesimo.

Mag.co M. Carlo mio. Perchè la vostra ultima di V. del presente mi trovò in Mugello, et mio fratello aprendola qui si ritenne la quitanza del mercante fiorentino fatta a voi, et mandò a me la lettera aperta senz'altro, io non ho potuto prima satisfare al desiderio vostro non havendo prima d'oggi veduto a piè della ditta quitanza la linea di vostra mano, per la quale mi chiedete quitanza delli XVIIJ, et io in verità dovevo non aspettar che me la chiedeste, ma mandarvela molto prima, nè so che altra causa addurvene che la mera balordagine et inconsideratione mia. Hora ve la mando, et se non vi parerà che stia a vostro modo, fatemene una minuta che sottoscriverò quando vorrete. Nè mi occorre altro da dirvi se non che vi prego mi amiate, et teniate in gratia di quelli che sapete desidero che mi diano la gratia loro, et particolarmente del mio

S.r Gio della Casa et del Molza se però gli cale mirar sì basso.

Di Firenze alli 29 di settembre MDXXXIIIJ.

El vostro S.re

FRANCESCO.

IV.

(L. C.)

Al medesimo.

Mag.co M. Carlo mio. Scrivo al S.r Dominico la mia intenzione sopra la cosa della pensione, la quale è però quella che molto tempo fa potete haver conosciuta, cioè che tornando bene a noi et a M. Pero che la si estingua, io son contento, ma vorrei che quel che si havesse a fare fusse presto. M. Dominico vi mostrarà una lettera che ho dal detto M. Pero che viene al punto di voler estinguere per V. anni con tempo dell' una metà come vedrete, et dall'altra banda la lettera vostra sta in sul generale di dir che avvisi quel che voglio che facciate, che tanto farete ec. Accordatevi, et scrivete a me quel che volete che faccia io, che pensando d'haver

a trattare la extinctione con li vostri nepoti et con voi, dico a voi
quel che ho detto di sopra et sempre che non mi partirò dal dovere
pur che se concluda presto. Duolmi
che le lettere del S.r Alexandro non
facessino frutto, et se son buono a
fare altro sto aspettando che comandiate. Fra tanto mi vi raccomando et a Mon. Prot.o, a M. Gio.
della Casa. Da Firenze alli IX de
Xbre MDXXXIIIJ.

El vostro S.re

F. BERNI.

V.

(L. C.)

Al medesimo.

Mag.co M. Carlo mio. Io vi prego
per la vostra virtù e per la nostra
amicitia che nel negotio di quella
pensione di che mi scrivete, teniate
quella memoria et cura di me che
solete et devete per l'amor che vi
porto *ne sinas me aliquo pacto de-
ludere.* Io non intendo altro della
pratica fra voi et M. Pero se non
quel che ho inteso et intenderò sempre cioè che siate homo da bene,
el resto lascio andare per l'ordina-

rio. Vorrei innanzi ad ogni cosa haver da voi o da altri per voi il termine del Natale passato per darlo al vescovo di Forlì a chi lo devo come sapete, fatto questo parlisi poi della extinctione o non extinctione come più piace a voi, purchè io sia in qualche modo sicuro et cauto della mia pensione di XXXV. ducati. Mandai più d'un mese fa la procura amplissima ad extinguere in persona di M. Domenico et di quel mio amico di Salvatori, et havendosi a far questo atto, il che io desidererei più che altro, et da voi più che da altri, penso che quella basti, et quella si adopri, già che dite che quando non si faccia altro extinguerete voi stesso la mia pensione. Non sapendo come si stia questa nuova pratica tra voi, il Pero et quell'altro, non so che procura mandarvi. Dite voi quel che ho a fare, et tanto farò. Ma sopra tutto vi ricordo questo mio desiderio et bisogno di sotisfare il Vescovo, et mi vi raccomando sempre et al Mag.co M. Giovanni della Casa.

Da Firenze alli VIJ di Gennaio MDXXXV.

S.tor vostro

FRANCESCO.

VI.

(L. C.)

Al medesimo.

Mag.co M. Carlo mio hon: Ricordando io a M. Hier.o Salvatori la cosa della pensione, mi scrive che li havete detto che aspettate non so che risposta da me, et che poi si risolverà il tutto. Io ad una lettera che mi scriveste alcuni dì sono, risposi subito per mano del signor Canigiani nè da poi so che altra risposta mi vi dare se non che vi prego che quel che si ha a fare in questa pratica si risolva presto, o fuori o drento, et che voi non lasciate che io sia cancellato, come ho mezza paura, nè già da voi che non vi conosco tale, ma da altri. Parmi che sia già tanto che si cominciò ad agitarla, che horamai doverebbe esser risoluta in qualche modo, et non dimeno ne siamo ancora a quel medesimo, et io ne patisco che son molestato dal Vescovo di Furli, et non ho ancora riscosso li denari da satisfarlo. Pregovi che vi sia raccomandata la causa mia, non voglio dir altro.

Da Firenze alli XVJ di Gennaio MDXXXV.

S.tor vostro

FRANCESCO.

VII.

(L. C.)

Al medesimo.

Mag.co M. Carlo mio hon. A me non è mai caduto nell'animo pensiero alcuno di voi et della vostra virtù et gentilezza meno che degno di lei, et se è caduto non è stato fermo da iudicio, et come ben dite che si debbe fare, ho sempre più guardato alle mani che agli occhi, però non accadeva che per la lettera vostra faceste scusa di non haver risposto alla mia, havendo con le opere satisfatto abondantemente, di che vi ringratio quanto devo, et dico che tornando in benefitio vostro la extinctione delli XV per cinque anni son contentissimo, et ho ordinato al Salvatori che la faccia, mandandoli nuova procura. Ma se questa commodità viene in benefitio

di quelli altri che mi pare che mi
habbiano mezzo uccellato col don-
dolarmi tanto, non la lascio venire
già così volentieri, pur anche tutto
rimetto alla vostra voluntà et a-
spetto che qualche cosa si concluda
et più presto che si può, perchè oltre al bisogno mi pare che vi vada
anche parte dell' honor vostro et
mio dondolandosi come ho detto. El
Salvatori sarà con voi, et doverassi
acconciar bene ogni cosa. Guardate
che 'l desiderio che havete delle
mie baie non proceda più da amore
che da iuditio. Io non ne ho molte
delle nuove, perchè sapete che la
poesia è come quella cosa bizzarra
che bisogna star con lei, et ho anche qualche facenda, pur trovandomi non so che et sendomi stato
chiesto da M. Achille glielo mando
con ordine che ve ne dia copia. Dio
faccia che non vi pentiate di questi
vostri appetiti. Buone sono state
quelle polize attaccate a quel Santo, et per dio sete pur divini a cotesta Roma. Vi prego tenetemi in
gratia di Mons. de' Carnesecchi et
di M. Gio. della Casa, et del mio
dolcissimo Molza non obstante che
non mi voglia compiacere di quella

oratione. Da Firenze alli VI di Febraro 1535.

El vostro S.re

FRANCESCO.

VIII.

(L. C.)

Al medesimo.

Mag.co M. Carlo mio hon. È successo della extinctione come io sperai sempre dalla vostra integrità et virtù, et ne ringratio Dio et voi con animo di fare il medesimo del rimanente quando si venga all'atto, il che io desidero per comune satisfatione, ed aspetto che mi diciate se bisogna che io circa ciò facci altro, come dire mandar nuova procura ecc. Nè vi dirò più se non che come ho fatto sempre mi rimetterò tutto in voi. Vi do la fede mia che da molti et molti mesi in qua non ho fatto cosa alcuna che sia degna nè indegna di parteciparvi, et delle vecchie non mi trovo alcuna scritta sì che sia pronta da mandarvi, et poi a dirvi il vero io credo che ne habbiate assai et vogliate darmi la baia, pur a ciò che sappiate

che bramo servirvi, mandatemi di
gratia una lista di quel che havete,
che vedrò di contentarvi di quel
che manca. Pregovi quando vi vien
visto M.ro Ferrando Siciliano Medico, ringratiate S. S. per mia parte
dell'opera che mi ha mandata a
donare con tanta cortesia ricordan-
dosi di me, di che non è punto cam-
biato, et diteli che per quel poco
iuditio che ho, mi par bellissima et
degna delle sue lettere et del suo
ingegno. Raccomandatemi a Mons.
di Carnesecchi, a M. Gio. della Casa, et al Molza, et voi amatemi.

Da Firenze l'ultimo di Marzo
M.D.XXXV.

El vostro S.re

FRANCESCO.

IX.

(L. C.)

Al medesimo.

Mag.co M. Carlo mio. Rallegran-
domi col sig. Prot.o nostro della
fortuna ch'egli ha d'esser cortese
contro alla fortuna, vi mando la
procura che mi chiedete, la quale
contiene il medesimo che conteneva

l'altra che feci in persona del sig. Canigiani et del Salvatori, ma perchè l'uno et l'altro o è partito o si ha a partir presto di Roma, ho messo in cambio loro el S.r M. Ubaldino et un altro parente del detto Salvatori che si chiama Lorenzo. Datevi dunque dentro et usate allegramente la cortesia del S.r Prot.o che così farò ancora io già che eila redunda ancora in me tanto è grande. Penso che la extinctione habbi ad ire al modo della passata, ciò è per cinque anni, et però non ne dico altro. Scrivo a M. Ubaldino et al Salvatori l'animo mio circa i denari che se ne ritrarranno, et così per ordine vostro scrivo al S.r Galletti di quell'altro negotio che credetti fusse acconcio già è un seculo, et hora con dispiacer mio intendo che non ne fu altro. Pregovi raccomandarmi al S.r Cospi mio S.re delle cui gotte sento la mia parte del dispiacere, avvenga che sia un male significativo di lunga vita e da ricchi. Se Pasquino ha partorito qualche cosa non fate a me come fò io a voi, circa il mandarvi delle mie baie vi lascio abbaiare, ma Dio sa che è per impotentia, et colpa d'amor non già, difetto d'arte. Da Firenze a XXX d'Aprile MDXXXV.

El vostro S.re

FRANCESCO.

Se la procura non venisse così hora per il procaccio, per difetto di non esser in ordine, la manderò per lo extraordinario quanto più presto. Intanto apparecchiate voi costà...

X.

(L. C.)

Al medesimo.

Mag.co M. Carlo mio hon. Voi volete dire che *turpe est Aristotelem tacere loquente Isocrate*, et ingannatevi che a comparatione de' più tristi poeti di Pasquino, io non sono nè anche Bavio o Mevio non che quel che vi dà ad intendere ch'io sia l'amor che mi portate. Però occasione o non occasione, alla mia venaccia oppilata se non secca in tutto, è tutto tempo perso mettere innanzi excitamenti, et altro ci bisogna che exhorationi, senza che la poesia è come quella cosa biz-

zarra che bisogna stare con lei che
si rizza a sua posta et leva et posa
come dice el Capitolo di Gradasso,
et poi io son fatto mezzo chietino,
come sapete, et non sarebbe chi
desse più della vita mia tre quat-
trini. Però *desine quaeso meum la-
crimis vexare sepulchrum*. Ringratiovi delle pasquinate, che tali quali
sono mi son state carissime per venir da voi. Ad ogni modo cotesti
vostri poeti quest'anno non hanno
però troppo sfoggiato, et pure è a
buon mercato il pane. Sappiate che
non si fa sempre miracoli. Ma la-
sciamo andare. Io risposi quattro dì
sono ad un'altra vostra lettera per
la quale mi dicevate che mandassi
procura ad..... guer quel resto della pensione, con ciò sia che erate
in......... da farlo per mano del S.r
Prot.o La procura manda.... del S.r
Dominico Canigiani ultimamente, el
quale V. S. potrà andar a trovare
se questa cosa ha ad haver effetto
et vedrà l'ordine che io vi ho dato. Vi prego tenetemi in gratia del
S.r M. Gio. della Casa, et diteli che
io sto per afrontarlo di questo suo
bel luogo che ha qua presso alla
loggia de' Pazzi se non credessi che

fusse per tornare a Firenze, come vorrei però che facesse et lo desidero. Raccomandomi al Molza et a tutta l'Academia. Da Firenze alli VIJ di Maggio MDXXXV.

El vostro S.re

FRANCESCO.

MUZIO CALINO

~~~

Prelato bresciano che ebbe non piccola parte nel Concilio di Trento e fu tra i deputati a comporre il Catechismo romano, a riformare il Breviario e a compilare l'Indice dei libri proibiti. Fu Arcivescovo di Zara donde passò nel 1566 al Vescovado di Terni e morì nel 1570. In questa lettera molto pulitamente scritta manifesta il desiderio di provvedere alla ristrettezza delle sue condizioni mediante una pensione pel Vescovado di Verona vacante in quell'anno, e così fa una affettuosa commemorazione di Luigi Priuli di cui Paolo IV annullò l'elezione fatta a Vescovo di Brescia, per eccitamento della fazione eccessiva allora predominante alla Chiesa, la quale in ogni prelato non fanatico e non violento vedeva un fautore di eretici.

(Autog. Campori)

A *Carlo Gualteruzzi.*

Molto Mag.co Sig, mio et padre oss.mo. Sia certa V. S. che fra le altre cause che mi faranno obedir volentieri et con mia grandissima contentezza al comandamento di N. S. questa sarà una delle principali ch'io potrò mitigare in parte quell'ardente desiderio che ho di vederla et di godere della sua dolcezza, et amabilissima conversatione. Et però se bene V. S. non ha tanta cagione di desiderar questo dal canto suo, nondimeno misurando l'animo suo dal mio, et in ciò con molto piacere ingannando me stesso, voglio darmi a credere che ella non meno desideri ch'io venga, di quello che io desidero di venire. Ma perchè debbo io incominciar a scrivere d'altro che della perdita (humanum dico) la quale habbiamo fatto di quel buono et santo et innocentissimo Mons. Prioli? la quale tanto più ci dee parere acerba et amara, quanto che si è veduto nella S.tà di N. S. più pronta et benigna volontà di liberare il suo nome da ogni sorte di calunnia con così honorato giudicio che volea dimostrare al mondo di fare della sua persona. Che se bene questo non importa a lui, il quale poteva consolarsi con la sua conscienza, nè a quelli che havevano tanta cognitione quanta habbiam noi della singolare bontà sua, non è però che non fosse molto importato a

molti altri, nell'animo de'quali si fosse per avventura causata qualche
sinistra impressione. Ma lodato sia
Dio, il quale son certo che ha voluto esaudire i suoi devoti preghi
levandolo di questa miseria del
mondo, et ricongiungendolo con
quello angelico S.re dal quale non
fu però mai diviso col pensiero et
con la mente, ancora chè paresse
da lui per morte separato (1). La
sua morte non è degna di lagrime,
ma sì bene di lode; si come anco
la memoria della sua vita e de'suoi
santi costumi ci doverà sempre esser fresca nell'animo per saper tenere sicuramente quella via per la
quale habbiamo a caminare al nostro fine. V. S. sia contenta raccomandarmi al nostro buon padre M.
Tullio, il quale mi rallegro intendere che non sia tanto discordante
dalla nostra openione, et spero che
vi debba entrare anco largamente
quando intenderà le mie ragioni.

S.re mio la necessità mi caccia
dal bosco, et è necessario ch'io

(1) Allude al Card. Polo col quale il Priuli andò
in Inghilterra e vi rimase fino alla morte di esso
accaduta nel novembre del 1558.

vegga in qualche honesto modo di provedere al mio stato, il quale come benissimo sapete è molto incomodo et ristretto: et in ciò prego V. S. che mi voglia aiutare secondo la sua solita amorevolezza. Intendo che vaca la chiesa di Verona, la quale essendo opulentissima potrebbe darmi un poco di soccorso per via di una piccola pensione, et però ho pensato di scrivere una lettera a Mons. Ill.mo Morone supplicando la S. S. Ill.ma che per sua bontà et cortesia si degni in questa occasione ricordare il mio nome alla S.tà di N. S. et con la sua grande autorità inclinare anco quel pio e benignissimo animo a soccorrermi. Prego V. S. sia contenta presentare la lettera et accompagnarla con quelle parole che l'amor vostro verso di me et non il merito mio vi detterà, et di tanto pregar anco la Sua S. Ill.ma che di questo mio officio non voglia fare motto con altri, perciochè io saprò bene et non mancherò di predicare ad ogniuno chi sarà stato autore di questo mio beneficio tanto segnalato. V. S. potrà conferire questo mio pensiero con M. Rinolfo perchè io non gliene ho scritto nulla: et sentirà anco da lui qualche particolare di più circa la mia fortuna. Mi raccomando di nuovo et sempre in buona gratia di Mons. l'Abb. di Gambara, et a V. S. con tutto il cuore, pregandola a perdonarmi di queste brighe, le quali la sua bontà mi sforza a darle sicuramente. Di Zara a II d'agosto del LX.

Come figliuolo obblig.mo

MUT. ARC. DI ZARA.

Mons. di Netro la ringratia de'saluti et glieli rende affettuosissimamente restando con infinito desiderio di mostrarle maggiormente il molto amore che le porta.

ALFONSO CAMBI IMPORTUNI

Le Raccolte del Pino, del Ruscelli e del Manuzio contengono lettere di questo gentiluomo erudito e poeta nato in Napoli nel 1535 di padre fiorentino fuoruscito per cagione di omicidio. Ebbe amicizia e corrispondenza co' primarii letterati del tempo, il Caro, il Della Casa, il Florimonte e simili, e a Paolo Manuzio somministrò lettere di uomini illustri da pubblicarsi nel Libro III della Raccolta, che fu messo alle stampe dal figlio di lui Aldo nel 1564. E se il Manuzio giudicava le lettere del Cambi degne di stare a lato di quelle del Casa, del Bembo e del Caro, non sarà chi voglia riprenderci d'averne imitato l'esempio nell'inserzione di queste due indiritte al Manuzio istesso per lo scopo sovraccennato; in una delle quali è da osservarsi la notizia dei ritratti della Marchesa di Pescara, la famosa Vittoria Colonna. Narra Scipione Ammirato che il Cambi Importuni andato su l'Armata di Marco Antonio Colonna alla difesa di Cipro, morisse in Cerigo di naturale infermità l'anno 1570.

I.

(L. C.)

Al M.lto Mag.co Sig. mio il sig. Paolo Manutio a Roma

Molto Mag.co Sig. mio

Voi mi richiedete per la vostra de' 26 del passato, che havendo io qualche bella lettera mia o d'altri ve ne mandi copia. Duolmi grandemente che lettere degne d'esser pubblicate et particolarmente da un vostro figliuolo poche ne potrete havere di qua, pur di quelle poche mi confido farvene haver parte per l'amicizia che ho con molti di coloro dai quali qualcuna se ne potrebbe havere. Et per arra ve ne mando hora con questa, due ch'io ne haveva del Bembo et una di M. Trifone. Se fra l'altre che verranno appresso ce ne sarà qualcuna delle mie, ve la manderò più per intelligenza di quelle che saranno con esse a me da altri scritte et per ubidirvi, che perchè io le reputi degne d'esser stampate. Pur mi rimetto a voi, e se vi parrà che come pochi scudi falsi fra molti buoni si possino spendere, spendetegli; ma se vi parrà il contrario, tagliategli pure et fondetegli come vi tornerà commodo ch'io non me ne curerò punto. Anzi harò molto caro che voi col vostro giuditio non mi lasciate incorrere nella pena che si suol dare a chi vuole spendere monete non buone. Manderovvi certe lettere scrittemi dal Caro, ma vi piacerà di esse non disporre senza fargliele intendere; et se vorrete ch'io le accompagni con qualcuna di quelle della Marchesa di Pescara havendone io molte di sua propria mano scritte a mio padre, lo farò volentieri. Del Giovio n'ho infinite, poi che egli et a mio padre et a me scriveva continuamente; ma perchè siccome da esse cavar si può le cose che a quel tempo pel mondo correvano, non so se e' se ne può cavar quello ch'io m'immagino che voi andiate cercando; non ve le manderò se altro non mi verrà da voi sopra ciò scritto. Pregovi bene che se da me harete cosa che vi piaccia in cambio mi facciate gratia di farmi vedere nel nuovo Libro che si stamperà qual-

che lettera del mio M. della Casa.
La mia ch'io vi scrissi in racco-
mandazione di quel giovane che
desidera luogo di Cancelliere non
dovete haverla havuta perchè quel
gentilhuomo che sta con M. Filippo Buondelmonte mio zio al quale
io imposi che ve la portassi, et sopra ciò vi parlasse, dovette quand'
ella giunse ritrovarsi come spesso
gli suole intervenire fuor di Roma,
però non ve ne maravigliate et
quando l'harete piaciavi potendo
far quello che io per essa vi priego. Mi par mill'anni d'intendere
che il Carga v'habbia mantenuto
la promessa; intanto vi ringratio
molto in nome della sig.ra Geroni-
ma et mio della memoria et diligentia vostra intorno a questo negotio, et forse poichè il Caro non
vi ci ha potuto ajutare, ajuterò io
lui nel suo come egl'intenderà da
me quest'altra settimana. Non ho
infino ad hora trovato in Napoli
altro Ritratto della Marchesa di
Pescara che uno che ne ha la
sig.ra Giulia Gonzaga il quale oltre
che non la rappresenta di quella
età che desiderate, non val nulla.
Coloro dai quali io pensava d'al-

cuno di essi poter haver nuova, mi han detto che quello che haveva mio padre il quale fu fatto poco di poi ch'ella rimase vedova siccome lo vorreste voi, era il migliore et il più bello di tutti gli altri, questo io non l'ho perchè lo donai alla sig.ra D. Vittoria Colonna sua nipote; saprò se è qua fra le robe che detta Sig.ra ci lasciò andandosene in Ispagna, et non ci essendo le scriverò quando vi sia molto necessario l'haverne copia pregandola a mandarmela, et basti haver detto infin qui per risposta della vostra la quale per via straordinaria et più tardi del solito mi è capitata nelle mani; però piacciavi se qualcosa non vi muove a far il contrario scrivermi sempre per via del Passero. Il Maranta e 'l Ciccarello vi salutano. Io vi prego a salutare il vostro Aldo e 'l Corbinello et a mandarmi il Cardano sopra il quadripartito di Tolomeo, poichè in tutta questa città non ho trovato da comprarne uno. State sano. A 3 di ottobre 1562, di Napoli.

Quando Mons. Carnesecchi fu qua ultimamente mi diede un'Ode della quale ve ne mando la copia acciocchè per mezzo suo vegghiate di farmi haver dall' autore il luogo di Eratostene ond' ella fu tolta.

Ser. di V. S.
ALF. CAMBI IMPORTUNÌ.

II.

(MSS. VATICANO)

Al molto Mag.co Sig. mio osservandiss.mo Sig. Paolo Manutio a Roma.

Io mi dorrei molto più, ch' io non fo, della vostra infermità se la lettera che me l' ha fatta sapere non m' accennasse che voi a quest' hora potreste esser guarito, il che io con grandissimo desiderio aspetto d' intendere. Havendo perduto la speranza di potere haver certe lettere ch' io havrei voluto, stando coloro che l' hanno rattenuti a darmele per non dispiacere agli autori, vi mando parte di quelle che ho potuto havere acciocchè non credeste ch' io per non durar fatica in trascriverle o farle copiare non vi havessi voluto ser-

vire; però accettate la buona volontà, et poi che io non ve le mando per cose che mi piaccino a fatto,
non piacendo a voi potrete strac-
ciarle senza haver riguardo che ve
le habbia mandate io, o che in alcune di esse vi si ragioni di me o
de' miei, assicurandovi che quando
altramente faceste, oltre che fareste
tener Aldo che le ha da mandar
fuori, di poco giuditio, io ve ne
vorrei piuttosto mal che bene. Se
nel mezzo foglio stampato che vi
mando ve ne fussino alcune a vostro contentamento, non lasciate di
servirvene perchè sieno uscite in
luce, poichè non han veduto altro
cielo che questo. Di quelle che mi
havete scritto non ve ne mando
copia, imaginandomi che l' habbiate, se non di tutte, di qualcuna;
se non l' havete ve la manderò
volentieri, che per dirvi la verità
desidero molto che 'l mondo mi
conosca per vostro amico, et però
vi prego a farne ogni testimonianza,
se già non paresse a voi di perder
tanto in questo, quanto a me pare
anzi so certo di guadagnarci. Ri-
cordovi le lettere del mio Monsignor della Casa, et se ne havete

qualcuna bella di quelle che furono
scritte intorno alle scatole piene di
archibusetti, giudicherei a proposito farla nel libro acciò che i posteri sapessino l'inventore, et il
tempo di sì diabolico strumento,
et di tanto male cagione. La lettera
che scrisse il Duca di Paliano al
figliuolo la notte ch'egli fu morto
intendo che fu molto bella, parmi
che più facilmente potrete haverla
costà che non potrei haverla io qua.
Pregovi a perdonarmi se vi par
ch'io voglia entrar a consigliarvi,
poichè l'amore infinito che vi porto è causa ch'io vi dica liberamente l'animo mio con tutto il
quale mi vi offero et raccomando
pregandovi a star sano. A 24 d'Ottobre 1562 di Napoli.

V. Aff.mo Ser.
ALFONSO CAMBI IMPORTUNI.

Il dì che giunse la mia nella
quale vi pregava ad ajutare in quel
che per voi si poteva il sig. Gio.
Francesco Alois, dovette giugnere
anco uno mandato di qua dalla
sig.ra Isabella Caracciola sua moglie con vestiti et altre cose neces-

sarie per la commodità et salute sua, con tutto questo torno di nuovo a raccomandarvelo perchè essendomi compare et essendo egli gentilhuomo della qualità che sabato vi scrissi et che havete da altri potuto intendere, et da per voi conoscere, desidero molto di servirlo et tanto più quanto per quel ch'ho potuto ritrarre si ritruova ne' termini che stà per l'altrui malignità, et non per errore ch'habbia commesso.

La varietà ch'è nelle lettere che vi mando nasce dalla varietà degli originali et copie, ond'io le ho tolte usando di trascrivere le cose per quanto io posso nel modo appunto che mi son date, se ben alle volte havendo a far io le scriverei altrimenti.

LUCA CONTILE

~~~

Assai pregiate furono le lettere di Luca Contile le quali vennero a luce in Venezia l'anno 1564. Costui fu sanese, e a somiglianza di tanti altri letterati di quella età abbracciò la professione del Segretario, onorevole, ambita e spesso avviamento a dignità maggiore. Servì il Card. Agostino Trivulzio, il Marchese e la Marchesa del Vasto, D. Ferrante Gonzaga, il Cardinal Madruzzi, Sforza Pallavicino e il Marchese di Pescara che gli procurò l'ufficio di Commissario di Pavia nel 1562, da lui tenuto fino al 1574 nel quale anno cessò di vivere. Mentre trovavasi al servizio di Ferrante Gonzaga, accompagnò la moglie di lui in un viaggio nel mezzogiorno d'Italia, e le lettere che qui pubblichiamo sono in gran parte piene di ragguagli di quel viaggio e ci somministrano curiose notizie dei costumi e dei luoghi. Esse sono gettate giù alla lesta e senza studio, ma si leggono con piacere e non lasciano scorgere il disagio inseparabile da una rapida escursione e da un continuo mutare di albergo, che non lasciavano tempo a scrivere meditatamente.

I.

(AUTOGR. CAMPORI)

Al Ill.ma S.ra Duchessa d'Ariano
mia S.a singularissima

Ill.ma S.ra e Padrona oss.ma.
Parmi lecito con la brevità del
tempo vincere la lunga materia con
le poche parole, riserbandomi a
più comodità di luoco. A 22 la S.ra
arrivò qui in Piacenza, fu molto
accarezzata da tutta la città, han-
nola suplicata che per tutto domane resti, e così ha loro compiaciuto.
Postdomane desinarà a Corte maggiore e la sera albergarassi in Cremona. E speriamo che 'l viaggio
andrà di bene in meglio. Intanto
V. S. Ill.ma si comporti sì che ne
sentiamo ogni dì buonissime nuove,
che servar se stessa è un conservar la devozione d'infiniti, e senz altro le bacio le mani. Di Piacenza
a 3 di Aprile 1549.

Affezzionatiss. ser. di V. S. Ill.ma
LUCA CONTILE.

II.

(L. C.)

*Al Ill.ma S.ra Donna Diana di
Cardona Duchessa d' Ariano a
Vegeveno.*

Ill.ma S.ra e Padrona mia oss.ma
Se 'l tempo e la commodità com-
portassero ch' io vi potessi ogniho-
ra scrivere, abbondandomi la materia in considerar le bellissime
qualità vostre, ch' io più d' ogni
altro, e prima a tutti celebrarò fe-
delmente; mi terrei felicissimo at-
teso al desiderio che tengo in mostrarvi quanto reverentemente v'a-
mo, ed honestamente vi reverisco.
Tuttavia se non fosse ch' ogni ho-
nesta affezzione ha spesso faccia
d' amor lascivo, non dico in se stessa, ma nel temerario giudizio d'altrui, apertamente si vedrebbe la
molta devozione che si deve havere
a voi, a gesti vostri, a le parole,
a movimenti, a le grazie che fiori-
scono in ogni maniera ch' altri voi
vegga, senta o consideri. Nè pareva ch' altro prencipe che l' Ecc.za
del S.or mio, suocero vostro, po-

tesse meritare sì degna moglie, sì
gentil figliuola, sì magnanima nuora. E confesso ch' all' ingordigia
che tengo in haver concetti degni
per dar fatiga a la mia musa, tra
tanti prencipi e donne di qualità
ed in tanti luochi che sin hor pra-
ticai, non s'incontrò suggetto di
più satollamento e che più fusse
conforme al purissimo pensier mio
quanto la gloria del suocero vostro, de la suocera, de la cognata
e di voi stessa. Ma non vorrei che
a la verità mia guardasse con occhio di burla l'incredulità vostra.
Già mi ricordo che mi diceste ch'i
senesi havrebbero difficultà di burlare i siciliani, è certissima cosa
ch' uno indegno non può burlare
cosa degna ed una degna si sde-
gna sempre usare atti vili perchè
le burle sono differenti dagli scherzi, dal motteggiare, dal giambare
dal tratteggiare, dal far le facezie
e dal gavazzare. Gli scherzi sono
giuochi honesti da mano con parole conformi, i motti sono sensi oc-
culti che non l'intendono escetto
quelli a chi si dicano, e possono
essere ingiuriosi e piacevoli. I Giam-
bi, vocabolo meramente toscano,

sono alcune sollazzevoli usanze, che
manda fuora parlando il Rico, senza sospetto d'offensione. Il tratteggiare e una spezie d'astuzia che
par che v'offenda, e vi consiglia;
le facezie sono di più sorte, come
in parte si veggono nel nostro Tuc-
ca, dico che in tutti i modi bisogna c'habbia ingegno un huom fa-
ceto. Tu gavazi, dicono i Toscani,
tu mi dai la berta, e questo uso è
più tosto da semplici che da pru-
denti. Le burle sono d'altro sale,
anzi sono lo stesso sale che quando è troppo o poco fa trista la mi-
nestra e perchè non possano essere se non troppe o poche, ne suc-
cede per questo ch'io non burlo
con chi amo honestamente e fedel-
mente osservo. E volesse Iddio che
potessi la millesima parte di quel
ch'io veggio e penso vertuosamen-
te di voi, Sig.ra Illma, o dir quando parlo, o narrar quando scrivo
che ben m'assecuro ch'io giovarei
a l'altre donne, mentreche inten-
dendomi lodarvi, sapessero o volessero imitar voi. Così voglia la buona sorte del mio S.or Cesare vostro amabilissimo consorte che presto di voi e con voi renda i de-

siati frutti all' Ecc.za de' miei signori. Hiersera a mezz'hora di notte arrivò la S.ra Prencipessa, hebbe al incontro il Duca sette miglia e due: il R.mo alloggiò la S.ra mia con Madama il S.or Fabr.o con il R.mo e noi altri in diversi alloggiamenti. La S.ora Duchessa madre sta fuora di Mantua mezo miglio per la bonta de, l'aria. Questa matina la S.ra Prencipessa è andata a star lì sin tanto che si monti in barca, che sarà forse martedì. Altro non mi occorre se non iscusarmi con voi di due cose: la prima è che sono stato troppo lungo, l'altra c' ho detto voi ed ho parlato con voi ed ho scritto a voi, e non a la S. V. Ill.ma come sogliono infiniti scrittori usare. Non mi sdegnate generosa Sig.ra, perchè io stimo più voi che la S. V. e se non fuste voi, non sarebbe la S. V. però a voi m'inchino. Di Mantua a 6 di Aprile 1549.

Di voi Sig.ra Ill.ma

Affezzionatissimo ser.
LUCA CONTILE.

III.

All' Ecc.za
del Sig. Don Ferrante Gonzaga

Ill.mo et Ecc.mo Sig. Padron mio singolariss.o. – Le nuove ch' apportano contentezza, non è male che siano da più persone e da più mani scritte. Fu la partita da Napoli de la S.ra Ecc.ma bella vista per la copia incredibile di gentil homini e Sig.ri Napoletani che l'accompagnaro sin fuora de la porta. È stata ancor degna d'aduiso la sollecitudine usata in Marliano da S. Ecc.za in accomodar molte cose. Ma in lei considerar le fatighe e il fastidio di quel viaggio fra Marliano e Faecchio, che con tanto animo e con sì buona disposizione ha sopportate, ci fa stupire. Pure S. Ecc.mo, niente è quel ch'ho sin qui scritto a paragone de la giornata di giovedì passato da Faecchio a Sopino, ch'oltre le strade sceleratissime, stemmo sempre con sospetto grandissimo di ladroni, e più poi che ci si scopersero alcuni

nel peggior passo di quella montagna, e la S.ra veduti spaventati la
maggior parte, si perchè eravamo
in quel luoco, si ancora per esser
quasi tutti i soldati di Campobasso
restati addietro con i cariaggi, dette animo e ordinò chi dovesse salire al monte, chi restar seco e chi
far sollecitare i carriaggi. Qui dette evidentissima certezza come ella
porta l'immagine e lo spirito di
V. Ecc.za nel cor suo, che in verità senza questo mezo non havereb-
be potuto usar quei modi tanto
animosi in quel caso spaventevole
e pericoloso. Volse poi fermarsi
nella cima de la montagna presso
un acqua freschissima dove con
buone guardie attorno si desinò,
ed in quel mezo mandaro i malan-
drini ad offerirsi, ed erano in un
capo settanta, nell'altro cento diece.
La S.ra rispose che non era solita
volersi prevalere di quello che non
è bisognosa, e ringraziolli. In Sopino si ricevero molte buone accoglienze dall'Agente del S.or Conte
per quella notte, e hieri di là arrivammo qui a 17 hore con molta
allegrezza di questa Terra, ed ogni
hora s'attende a le spedizioni. Noi

stiamo contentissimi poi che la S.rà
s'è ce in tante sinistre occasioni e
di tristissimi viaggi e di caldissi-
me giornate, non solamente mante-
nuta quella che era, ma di giorno
in giorno ringagliardita. Prego Iddio si degni conservarcela sempre
a laude sua et a piena soddisfazio-
ne di V. Ecc.za, de la quale pregando Iddio la feliciti e contenti
humilmente bacio le mani. Di Campobasso a 26 di Maggio 1549.

Di V. Ecc.za

Fedeliss.mo ed Affezzionatiss.
servo humile
LUCA CONTILE.

IV.

(AUT. CAMPORI)

Al Ill.mo e Ecc.mo S.re e Padron
mio singolariss.o il S.or D. Ferr.o
Gonzaga Principe di Molfetta
general capit.o e luogotenente in
Italia per sua M.à Ces.a.

Ill.mo e Ecc.mo S.re padron mio
singolariss. — Fra grandissimi disegni c'ha sempre nel core l'Ecc.za
V. credo che trovaranno il luogo

Avvisi miei, poi che più volte le promisi scriverle cose di letizia massimamente dependendo ogni mia intenzione dal gagliardo e sano stato dove or si trova la S.ra Prencipessa, la quale da la Serra sin qui sempre ha cavalcato di notte, e gli alloggiamenti di mezo sempre haviamo trovati commodi e più freschi assai del solito, mercè de' cieli c'hanno spezial cura di questa Sig.ra. A Foggia fu molto accarezzata e albergò con il gienero di M. Jac.o Zurla. A la Cirignola trovammo un vento che più tosto fu freddo che fresco, e l'alloggiamento fu la Rocca, dove gustammo vino buonissimo e fresco. In Barletta s'arrivò il dì del corpo di Christo a li XI hore, e venne il marchese di Polignano con il S.or Giant.o suo zio a rincontro con molti cavalli, e fu la S.ra riceuta dal detto S.or Giant.o in casa sua dove si stette con ogni sorte d'abbondanza e commodità di frutti e di freschure. Nè volsero che la S.ra si partisse sin l'altro dì a 19 hore, e tutta Barletta quasi, oltre la molta artigliaria sparata e nella entrata e nella partita, fè compagnia sino a Trani,

e le terre ch si trovano per la ri-
viera spararo l'Artiglierie con segno di grandissimo amore. Arrivossi, licenziatisi quei di Barletta
e di Trani che vennero ad offerirsi
a la S.ra a una hora di notte in
Molfetta, dove le demostrazioni e-
strinseche danno espresso segno del
grandissimo amore e de la molta
fede di questa gente verso V. Ecc.za
sono hoggi cinque dì del nostro riposo in questa Terra. Ma la S.ra
avvezza ale fatighe e desiosa d'im-
padronirsi di tanto tempo che possa
sodisfare a' vassalli ed haver modo
di ritornarsene commodamente, ha
voluto questa mattina intender l'o-
penione di ciascun di noi, ciò è se
meglio sia fra sei giorni partirsi da
qua per Terra d'Otranto, o pure
indugiare a la prima acqua d'Agosto. Io sono d'openione, anchor che
gli altri mi siano contrari, che la
S.ra partisse di qua fra sei dì. Le
mie ragioni sono (Sig. Ecc.mo) che
trovandosi ella disposta e sana, non
potrà patire per sei giorni ch'en-
trano in tal viaggio, sì perchè si
truovano le terre di marina di buonissimo alloggiamento, sì ancora per
andar il tempo molto fresco, di più,

che si va a ritrovare la medesima
natura di paesi e forse di bene in
meglio, che rivoltandoci al camin
passato, dico questo non esser di
pericolo alcuno, tanto più ch innanzi a le canicole, di otto dì, s'ar-
rivarebbe. Dove saria comodità a
la S.ra in tanto tempo che stesse
là, d'accomodare le faccende di quel
nuovo stato più bisognoso de la
presenza de la S.ra ch' ogni altro
luoco, perchè qui non c'è altro che
sodisfare ad alcuni sopra l'Auditor
generale, del che per non esser
mia materia non ne parlo. In Alessano potrà la S.ra più prevalersi
del tempo per il ritorno, e potrà
far qualche dì innanzi avviare e
donne e chariaggi verso Ariano,
dove per ordine di V. Ecc. si con-
cluderà, o ritornar per Venezia o
per il Mar Tirreno, e piaccia a Dio
si possa ritornar per terra. Le ragioni che sono contra al volere
aspettare la prima acqua d'Agosto,
sono che in quei tempi questo paese
è assai più infocato, e non siamo
securi che piova secondo il bisogno
nostro, nè siamo sì certi de la buona
disposizion de la S.ra come è al
presente, oltra che mancarebbe il

tempo di sorte ch' al fin d' ottobre
non saremmo fuora o de la Puglia,
o del Abruzzo. Considerando che
fra l'andare in Terra d'Otranto e 'l
negoziare e 'l ritornare non possano distribuirsi meno di 25 dì,
però questa sera la S.ra si risolverà
e Iddio la conservi sana come al
presente si truova. Ho voluto dar
tal ragguaglio all' Ecc. V. non havendo per hora altro soggetto che
meno impedisca i pensier grandi di
quella, a la quale humilmente m'inchino e bacio le mani. Di Molfetta
a 26 di Giugno 1549.

Di V. Ecc.za humil. e fedel. Servo

LUCA CONTILE.

V.

(COPIA NELLA BIB. ESTENSE)

Al medesimo.

Ill.mo e Ecc.mo S.or Padron mio
singolariss.o – La molta grazia che
l'Ecc.za V. m'ha fatto con le sue
due risposte, m'ha levato qualche
sospetto ch'havevo di tediarla con
le mie ciancie. E con tutto ciò io
prendessi scusa da' tempi e da la

poca mia qualità, pure specchian-
domi ne la grandezza di V. Ecc.za
e ne i progressi suoi da Principe
affatigatissimo, non mi assicuravo
così bene sapendo io quanto impe-
dischino l'animo invitto le chia-
chiere e le frascarie che fuora di
proposito si scrivano. Ma poi che
truovano le mie materie qualche
angolo nel sapientissimo petto di V.
Ecc.za non mancarò dirle, come la
S.ra trovandosi sana per grazia di
Dio, più che mai, e levatisi certi
venti ch'ieri e hoggi haviamo havuto freddo, s'è deliberata domattina partirsi, tanto più invitata dal
Conte di Rugo, e soddisfarà al desiderio di quei vassalli in terra d'O-
tranto. Doman da sera alloggiarà in
Molo con il Mar.se di Pulignano,
che l'aspetta con gran trionfi, e
dicesi ch'ha fatto bellissimo apparecchio, sino agli Archi trionfali,
le qual cose con le passate più fanno
verificare il mio pronostico de la
futura maggior grandezza di V.
Ecc.za. Da Mola s'andarà a Monopoli dove il detto Conte fa far pre-
parazione, di lì pensa la S.ra andare in Brindisi, quando che no,
voltarà ad Astuna, di lì a Leccio

dove pare che sarà forzata a star
tre dì, e poi di terra in terra a lo
stato di V. Ecc.za. L'animo de la
S.ra si è di non indugiar là più
che otto o dieci giorni, sì per non
haverci molto che fare, sì ancora
per dar termine a molti negozj,
ch'hanno faccia d'inquietudine in
queste due città. Ma la curiosità
de la S.ra ch'in vero mi par gran
cosa, che duri tanta fatiga in legger Memoriali e dare audienza ad
ogni persona, terminarà con la
prudenza di M. Galeazzo, almeno le
faccende più gravi, e a lei tocca
di sollecitare, che ben si scerne
quanto sia grandissimo il desiderio
che tiene di ritornarsene presto.
Già due dì sono haveva dismessa
questa andata parendo a noi altri
che non partitasi S. S. Ill.ma già
quindeci giorni sono, come si fe
deliberazione, ch'ancho adesso non
facesse questo motivo. Il tempo
fresco, l'esser chiamata da tutti
questi contorni, e l'animo c'ha
di spedirsi l'hanno fatta risolvere,
e domattina ci metteremo con la
grazia di Dio in camino. Per noi
quanto si può non si manca tener
S. S. Ill.ma allegra e di buono

animo, nè poco le giovano gli avvisi che le vengono di costà de la
sanità di V. Ecc.za, e deli S.ri fi-
gli, il che suole esser continuo
suggetto di noi altri, sapendo che
questo ragionamento appresso de
la S.ra è la fuga d'ogni tristo hu-
more, che le occorresse. Non ho
altro che scrivere per hora a V.
Ecc.za e però humilmente le bacio
le mani e racc.o. Di Giovenazzo a
12 di luglio 1549.

Di V. S. Ill.ma e Ecc.ma

Fedelissimo servo e humiliss.o

LUCA CONTILE.

VI.

(COPIA L. C.)

Al medesimo.

Ill.mo e Ecc.mo S.or Padron mio
singolariss.o – Sabbato che fummo
a' 13 d'intorno a 18 hore si partì
la S.ra da Giovenazzo accompagnata
dal S.or Giant.o Toraldo, dal S.or
Giambernardino Carbone, e dal
S.or Giandonato de la Marra; i
quali in verità sempre che la S.ra
è stata in questi paesi le hanno

fatta ogni sorte di cordialissima
servitù. Nè ci trovammo da Giovenazzo appena sei miglia lontani,
che venne tutto Bari con il Governatore a la rincontra. A hore
22 arrivossi e nell'entrare de la
porta fu sparata gran copia d'arti-
glieria, che mi pareva subissasse
la terra. Volse la S.ra veder la Re-
liquia di S. Nicolò, e dimorossi
quasi due hore nella chiesa; rica-
valcò S. S. Ill.ma, e fu riceuta in
casa dell'Abate di S. Benedetto il
quale è di Casa Visconte, e oltre a
la gran spesa, che amorevolmente
ha fatta, fece hier sera recitare
una Egloga che conteneva tre sorti
d'inganni fatti a tre Pastori da tre
Ninfe. Di più viene il detto Abbate
sin di là da Monopoli per ricevere
la S.ra in una sua Chiesa o Abbazia che sta a meza strada da Monopoli ad Astuno. Hier mattina con
tutto ciò si fosse poco dormito,
volse la S.ra cavalcare a diece hore,
udita primamente la Messa. Il S.or
Mar.se di Pulignano alloggiandola
in Mola venne ad incontrarla a
mezzo viaggio con bellissima compagnia. Non eravamo mezzo miglio
lontani da Mola che ci sorprese una

imbuscata di 200 fanti benissimo
armati e scarmucciaro con ottanta
cavalli, e per un quinto d'hora fu
bellissima vista e la S.ra ne prese
grandissimo piacere e di questa fan-
taria fu capit.o il S.or D. Giovan-
battista Piccolomini. Vicino a la
terra una balestrata, trovossi un
arco trionfale di quattro colonnate
doppie, alto diece braccia, lungo 13,
con frontespicio di sopra, dove e-
rano molti circoli con dipinture e
medaglie dentro, e con motti latini. Stavano in cima al frontespicio tre Girandole con infinità di
raggi nascosti, e nell'accostarsi la
S.ra gettarono fuoco. In tanto si
scoperse un altra imbuscata di gran
numero di fanti, e contrastaro per
un altro quinto d'hora, tal che non
fu men bella vista che la prima,
anzi più perchè la fortezza sparò
in soccorso de'suoi soldati, e fu
grandissimo rumore. Ritorno a dir
de l'arco ch'aveva due portoni per
i quali passandosi, s'entrava in una
strada che menava a la porta tutta
da ogni banda fatta a colonne senza
altro cielo artificioso. Haveva il
detto arco sotto la corona o fregio

due figure, la destra era la Fama
con un motto che diceva

Extremos Mundi populos tua gloria noscet

E questa teneva in mano l'Armi
di V. Ecc. la sinistra era la Fortuna, che pur teneva in mano
l'Armi stesse con un verso, che
diceva:

His ego nec metus rerum nec tempora pono

Negli angoli che fanno le colonne
sotto il fregio massimamente nelli
destri, erano due Vittorie con due
motti che uno diceva:

Et jam terra tibi molitur laeta triumphos

Nelli sinistri le due Vittorie tenendo
pure l'Armi di V. Ecc. in mano si
dichiarano con quest'altro motto:

Polliceor magnis caeptis magnasque coronas
Addentur titulis magna Trophaea tuis

sopra 'l fregio nel canton destro
era la virtù e teneva il ciuffo de
la Fortuna in mano con motto che
diceva: *Nulla est victoria major*.
Nel sinistro era un paese dipinto
a frondi e a fiori, con pastori e
greggi dentrovi con un verso che
diceva: *Te duce fetici surget gens
aurea seclo*. Nel mezo del frontespicio sopra 'l fregio era uno Atlante

co 'l Mondo con un motto che diceva: *Pondera sunt onere hoc laudum majora tuarum.* Sotto Atlante era un tempio dell' honore dove era questo verso scritto: *Prima Capuanis cinget tua limina palmis.* A paro a questo tempio era figurato il mondo con questo detto: *Jamque tuis meritis totus non sufficit orbis.* Molte altre cose vi erano come già cominciai a dire di sopra e le trapasso per non dar tedio a V. Ecc.za. Passandosi per quella strada fiancheggiata a colonne fatte da frescura con l'armi di V. Ecc. s'appresentaro i fanti dinnanzi a la S.ra in bellissima ordinanza, e fecero una tumultuosa salva, a la quale rispose con un altra più bella la fortezza e fatta a tempo che non potrebbe esser migliore, nè dove fusse più numero, nè dove fusse più forza. Entrammo in Mola e si pervenne al revellino del Castello e innante all'entrata si trovò un altro Arco menor del primo, e haveva due figure frall'altre. Lontano era questo arco dal ponte che s'entra in Castello da sei braccia con motti di castitè; le due figure l'una a

destra, a sinistra l'altra s'appresen-
tavano nella prima apparenza, che
facevano bella vista. Passato l'arco
di tre braccia si trovava una statua di stucco di grandezza di braccia cinque coronata di fiori; teneva
in mano sinistra una tazza di frutti
e fiori, con la destra li spargeva
sopra l'armi di V. Ecc. et era questa la Dea Flora con motto che
diceva: *Cras tibi perpetuos post-
quam renovaris in annos; qualis
ego violas spargimus atque rosas.*
E per non esser lungo dirò che sin
fuora al ponte venne la madre del
Sig. Marchese, la moglie e le so-
relle per far reverenza a la S.ra e
mentre che s'abbracciavano, uno
arboro presso a la statua gittò fuoco.
Entraro dentro in una bellissima,
grandissima e freschissima sala e di
lì in una camera, che sempre vi
spira vento; in termine poi di mez-
z'hora si disinò copiosamente, e con
frescura si bebbe senza artifizio, nè
fu di noi quattro che non fusse estremamente accarezzato da questo gentilissimo S.or Marchese, il quale è
di 19 anni, di bellissimo aspetto, di
forte disposizion di corpo, e pro-
porzionato, senza pelo in viso, o poco,

con faccia bruna tirando un poco al
rubicondo, piacevolissimo, accostu-
matissimo, e continuamente si eser-
cita in lettere e armi, e per molti
dì che lo conosciamo, lo giudichiamo
de più compiti Cavalieri ch' hoggi
habbia il Regno. Tiene poca famiglia ma virtuosa, e di buon costumi,
e in ogni suo gesto mostra rigore e
gentilezza, e noi tutti li siamo restati schiavi, nè si sazia di fare
quella servitù a la S.ra che più si
possa, e per l'ultima e più efficace
dimostrazione del cor suo volse il
S.or Marchese che M. Camillo Orlandini gentiluomo Senese suo Castellano presentasse le chiavi della
fortezza a la S.ra Questa fortezza è
come in triangolo, ma due terrazzi
verso la terra la fanno parer qua-
dra; tal che se ben non me n'intendo, la stimo inespugnabile, e per
la muraglia, e per il sito, e per la
monizione. Questa mattina la S.ra
disinerà qui e a le 18 hore si partirà per alloggiare in Monopoli, dove
è aspettata con tanto amore, che mi
par cosa data da Dio, ancor che S.
S. Ill.ma meriti questo e meglio. Imperò piglio questi segni a certezza
de la maggior fortuna e dignità di

V. Ecc. la quale Iddio conservi e feliciti, e humilmente le baccio le mani e mi raccomando. Di Mola a 15 di luglio 1549.

Di V.a Ecc.za

Fedeliss. e Humiliss. Servo
LUCA CONTILE.

VII.

(COPIA L. C.)

Al medesimo.

Ill.mo e Ecc.mo S.re Padron mio singulariss.o — Pur hora che sono passate 24 hore haviamo accompagnata la S.ra ch'ha voluto fare essercizio a piede, nè credendomi io quello ch'ho visto, sono restato attonito ch'ella habbia fatto tale essercizio a piede ch'è stato poco meno di un miglio, e solamente tre volte s'è alquanto riposata. Primamente caminò per questi oliveti fuora di porta e di li entrò dentro nella terra e volse camminare tutta la strada del giardino, che mi pare una buona corsa di cavallo. Ha S. S. Ill.ma presa gran consolazione con animo di frequentare; del che noi altri havendone grande allegrezza, m'è parso mio debito farne parte a V. Ecc.za, de la quale so che sarà maggiore il piacere. Qua hoggi è piovuto assai e si passa il tempo frescamente, nè occorrendomi altro degno di V. Ecc. restarò humilmente baciandole le mani. Di Scorrano a 23 di luglio 1549.

Di V. Ecc.za

Fedeliss. e humiliss. servo
LUCA CONTILE.

VIII.

(COPIA L. C.)

Al medesimo.

Ill.mo e Ecc.mo S.re e Padron mio singolariss.o. - Da Mola scrissi a V. Ecc.za come fu gratamente la S.ra ricevuta dal Mar.se di Polignano: di li ci partimmo lunedì a 19 hore, e a le 24 arrivammo a Monopoli, e il Governatore con il Vescovo e con molti de la città venne a la rincontra, nè cessò l'Artigliaria secondo il solito di molti altri luochi passati. La mattina di buon hora partimmo, e giognemmo ad Astuna, nè s'andò verso Brindisi, come già s'era sta-

bilito. Quel Vescovo Astunese ricevè
la S.ra con gran commodità senz'altra pompa, e piacque a S. S. Ill.ma
partirsi la notte a le cinque hore tal
che arrivammo a Misagne a li 12.
Fece molte carrezze il Conte, e voleva che noi restassimo il giovedì
venente. Anzi la S.ra ordinò che a
le 3 hore di notte fussimo tutti a
cavallo, talmente che arrivammo
presso a Leccio sei miglia, che di
poco erano passate le 9. La Città
mandò a supplicare a la S.ra ch'ella volesse entrare a le 12 hore, e
a compiacimento si fermò a un luoco
d'un gentilhomo Leccese. Poco se
indugiò che montammo a cavallo, e
prometto a V. Ecc.za che la gente
che venne ad incontrarci di Leccio,
passava 400 huomini, e ciascuno s'era
sforzato di sfoggiare. L'Artigliaria
fioccava di sorte che tremava la terra. Volse il Vicerè che la S.ra al-
loggiasse al parco fuora de la porta
un quarto d'un miglio; il dì medesimo che fu giovedì, furon fatte caro-
selle e rotte lance, nè fu mal vista
all'improvviso. Supplicò il Vicerè la
S.ra che volesse fermarsi ancora il
venerdì, e gli compiacque, dove la
terra visitò civilmente la S.ra e le

presentaro un bacile d'argento con quelle offerte che più non si potrebbero fare all'Imperatore. Parse a la S.ra per non discomodar la gente de la città che l'havrebbe a populo accompagnata, partirsi il venere a sera a 4 hore; e così fece, nè si seppe, anzi il Vicerè corse più di tre miglia per vederla e mostrò molta affezione. Giognemmo qui a le 13 hore, e questi vassalli, oltre all'essere venuti armati sei miglia di lontano che per 168 fanti non viddi mai i più bene ordinati, nè i più compariscenti, trovammo archi, e titoli e versi latini, dove si comprendeva la cordialità di questa terra facilmente. Ecco Sig. Ecc.mo che la S.ra è qui sana e gagliarda più che mai mercè di Dio, e il sabbato che arrivammo per rinfrescare, ci venne una gran pioggia che ci ha tutti resuscitati, e il paese ch'era un esca di fuoco s'è inzuppato di sorte che par loro d'haver guadagnato assai, e dicono queste genti ch'è stato un miracolo proceduto da la bontà de la S.ra, e da sabbato sin hoggi è piovuto e massimamente questa notte. Prometto a V. Ecc.za che la S.ra è diventata in questo sì

prosperosa che ritornata a Milano
vorrà per tutto seguitar V. Ecc.za
come già faceva la moglie di Mi-
tridate, o come fa hoggi la moglie
del Duca di Fiorenza. Parmi veramente miracolo grandissimo che S.
S. Ill.ma non solamente non si senta
un poco di mal di testa, ma non è
pure alquanto stracca, che non è
persona di noi altri che non sia fiacca
sino a' cavalli. Il Nuvolone è restato
ammalato in Leccio, e certe altre
donne sono febricose, credo io per
la stracchezza. Hier sera la S.ra ordinò che si spedissero le faccende,
massime la ricuperazione di molti
beni che parte sotto colori, parte
per usurpazione sono goduti da certi
che importano computatamente una
entrata di 700 ducati. Misurammo
il tempo per poter terminar le faccende e ritrovarsi all' hora che si
richiede per imbarcarci; e in verità
bisogna che la S.ra faccia meravi-
glie nel negoziare sì come ha fatto
nel camminare, perchè non può star
manco di 25 dì qua. E sarà forzata
fra Giovenazzo e Molfetta star pure
qualche giorno, per disbrigarvi alcuni intrighi. Tutto spedirà S. S. Ill.a,
e perchè pensa sempre far cosa che

piaccia a V. Ecc.za e perchè sempre si confida in Dio. Oltre noi servitori le tiene compagnia il Signor Giandonato de la Marra, M. Diomedes Leporeno e M. Marcello Gadaleto, questo non solamente ha trattenuti gli esserciti di noi altri in casa sua, ma con molta fedeltà e affezione seguita la S.ra con ogni sorte di servitù. Giovedì vuole S. S. Ill.ma trovarsi in Specchio, lontano di qui nove miglia dove starà quattro giorni, e per il più lungo si fermarà in Alessano; poi che nelle risposte di V. Ecc.za mi si concede tanta grazia, ch' a lei piace le scriva, ma Iddio voglia non le sia per troppa lunghezza fastidioso; tutto fò con quella fedelissima intenzione, ch' a me par convenevole, e facendo per hora fine humilmente le bacio le mani, e mi raccomando. Di Scorrano a 23 di luglio 1549.

Di V. Ecc.za

Fedeliss. e humiliss. Servo
LUCA CONTILE.

IX.

(COPIA L. C.)

Al medesimo.

Ill.mo et Ecc.mo S.or Padron mio singolarissimo. — Da Specchio non scrissi a V. Ecc.za, parendomi che mi fusse più a proposito fare un fascio di tutto quello che succedesse. Visitate prima tutte le terre di questo Stato, come s'è fatto per l'Ecc.ma S.ra la quale hieri si partì da Montesardo ove stè quattro dì per il molto fresco, e parse a molti dissuadere si sfrenata frescura a S. S. Ill.ma dubbitandosi di quanto haurebòe possuto succederle facilmente, e così ritornammo hier sera in Alessano. Nè ad altro s'attende ch'a la commodità de' vassalli, massimamente di questi che sono stati mal trattati dalli Uffiziali et in spezie da un certo maggiordomo de la S.ra Duchessa felice memoria; per il che parse a la S.ra mandarmi al S.or Conte di Ruvo Vicerè, che si trovava vener passato in Otranto; perchè io ricercassi il furto di detto Maggior-

domo sopra una gran quantità
d'oglio a suo proposito e utilità
smaltito in quella terra. Laonde la
S.ra con la sua venuta ha ricupe-
rata la maggior parte de' vassalli
che s'andavano con Dio nè volevano ripatriare più qui. Può V. Ecc.
rallegrarsi di due cose di qua;
i' una che non passa giorno senza
opera utilissima e pia, l'altra che
la S.ra mercè di Dio è più sana e
più gagliarda che mai, e domenica
va a Castro, invitata e pregata per
l'Amor de Dio, dal Conte e da la
Contessa che ben tre volte in più
luochi sono venuti a visitarla con
tanti centonaja di Baroni quanti
non ne mena tutto il resto d'Italia.
Di poi vuole S. S.ria Ill.ma andare
a la perdonanza di Leucoperta S.ta
Maria *finibus terrae* con ferma deliberazione di partirsi a li 16. Otranto l'ha mandata a convitare. Ga-
lipoli le ha mandati i suoi sindici.
Brindisi l'ha cordialmente e con
molta dimostrazione invitata. Imperò credo, come già s'è stabilito,
che ci partiremo di qui ad Otranto,
di lì a Leccio, dove il Conte amorevolmente aspetta, di poi a Brindisi, e l'altro giorno ad Austuna,

lasciandosi da man stanca Misagna;
l'altra giornata a Monopoli, e indi
a Mola poichè hieri quel gentil
Marchese mandò qui due suoi gentilhomini a supplicar la S.ra che li
facesse la seconda grazia, e havevano commissione di non partirsi
senza la promessa de la S.ra, e
per intercessione di noi altri fu
concluso che s'alloggiarebbe in Mola. Certi mercanti Lucchesi che
stanno in Bari amici miei con lettere mi hanno tante volte scritto
ch'io facessi uffizio con la S.ra si
degnasse di andare in casa loro,
che non ho potuto mancare di sup-
plicarne S. S. Ill.ma, e così per
grazia sua s'alloggiarà con quei
Toscani. Io che mi godo di andar
tuttavia cercando le qualità de le
cose, posto ben mente sin qui a li
stati di V. Ecc.za, e a vassalli, e
a la loro caldissima affezione, havendo pur visti de gli altri stati,
s'è sono più ricchi, ho conosciuto
che non sono i subditi di tanto a-
more e di tanta fedeltà quanto questi. In oltre per copia d'homini honorati e armigeri penso che in questo Regno l'Eccellenza V. non sia
da molti avvanzata, e da pochi pa-

reggiata. Di sorte S.re Ecc.mo che
mi s'acconviene lodar questi suoi
Stati e questi suoi vassalli, acciò
forse nella testimonianza de la mia
laude possi farsi maggiore l'affezione di V. Ecc.za verso di loro, i
quali stimano la grandezza maggiore di V. Ecc.za, andando via più
altamente di tempo in tempo, sia
per tenerli i più infimi, e però dicono se non altro di fede e di amore non sarà chi ci avvanzi. Certamente ne ho preso quella allegrezza che si appartiene a un fedelis-
sime servitore par mio. Ma supplico ben V. Ecc.za che voglia haver
compassione di noi altri, quando
penserà dal dì che cominciaremo a
tornare sino al luoco dove la S.ra
trovarà V. Ecc. perchè bisognerà
che diventiamo ugelli. Iddio ci aju-
ti : promettole che la S.ra non
si fermerà troppo per riposarsi:
pure se l'infinito desiderio c'ha
S. S.ria Ill.ma come sua consorte
la porterà veloce, e 'l nostro come
di fedelissimi servitori infinito ancora non teme di rimanere addietro. Mi perdoni V. Ecc. se sono
lungo, n' incolpe l'ardir che mi
danno le sue benigne risposte, mas-

simamente l'ultima sua de li 21 del passato. Nè m' occorrendo dirle altro humilmente me le raccomando e baccio le mani. Di Alessano a 10 d' Agosto.

Di V. S. Ill.ma e Ecc.ma

Fedeliss. e humiliss. servo
LUCA CONTILE

X.

(COPIA L. C.)

Al medesimo.

Ill.mo e Ecc.mo S.re Padron mio singolariss.o — Per haver la S.ra diligentemente spedita ogni faccenda nello Stato di qua onde ne sono re.tati contentissimi i vassalli, deliberò partirsi d' Alessano a li 20 desegnato la sera ritrovarsi in Otranto, dove fu da la Vniversità accarrezzata molto e presentata e di frutti e d' ogni altra cosa da vivere non che per un giorno, ma per qnattro: fu ancor presentata d' alcune robbe da tavola. Il dì 21 ci ritrovammo in Leccio, nè mancò il S.or Conte di Ruvo alloggiarci con ogni sorte di comodità, a segno di efficace servitù, verso l'Ecc.za

V. Il dì 22 partimmo d' Otranto,
fummo accettati in un desinare dal
Vescovo di Brindisi in una villa
detta s.to p. Vernotico, e la sera
ci allogiaro i Brindisini, e la Com-
munità presentò da vivere. Il dì
23 venimmo qui in Astuna e il
Vescovo ci ha fatte gratissime accoglienze. Prometto a V. Ecc.za
che si fa il giorno il viaggio di
30 miglia. E la S.ra resiste gagliar-
damente, e noi ne prendiamo quella allegrezza che non può succe-
derci la maggiore. Questa mattina
a le 2 hore ci partiamo per Monopoli, e desinaremo a una Abbazia
dell' Abbate San Benedetto a mezza
strada, dove all' in qua desinammo
ancora. In Monopoli ci saranno
fatte le solite carezze e di li a
Mola e di già il S.or Marchese di
Polignano è venuto per far compagnia a la S.ra già sono otto giorni in Alessano, e fa una servitù
tanto cortese che non si può lo-
darlo quanto merita, e vorrebbe
egli stesso diventar l' istessa commodità per servigio de la S.ra. e
molto di core bacia le mani di
V. Ecc.za. La S.ra ha voluto veder
Leuca, ha voluto considerare il

porto di Brindisi e quel Castello, di sorte che saprà dare ragguaglio a V. Ecc.za di molte cose militari, e non ha sin qui sentito per grazia di Dio pure un minimo mal di testa. Quanto per l'avvenire succederà, darò a V. Ecc.za per avviso. Intanto prego Iddio la difenda da ogni male e la essalti secondo il desiderio suo, baciandole le mani e humilmente raccomandandomele. D'Astuna a 24 d'Agosto 1549.

Di V. Ecc.za

Fedeliss. e Humiliss. servo
LUCA CONTILE.

XI.

(COPIA L. C.)

Al medesimo.

Ill.mo e Ecc.mo S.re Padron mio oss.mo. — Vna lettera di mio scritta in Brindisi restossi adietro; la rimando con questa a V. Ecc.za non per esservi cose se non le solite, ma per non parer pigro in quel poco che devo. La S.ra a 26 si trovò in Mola, dove fu secondo il gentil costume di quel Marchese amorevolmente accarrezzata. Il dì

8

27 fu ricevuta dal Castellano di Bari per commissione de la Regina, e veramente furono molte dimostrazioni che più non ne farebbero all' istessa Regina. Di là il dì 28 si venne qui. E prometto a V. Ecc.za che da Terra d' Otranto in qua è stato così fastidioso il viaggio che tutto il resto insieme non c' è parso punto molesto, a paragone di queste quattro giornate. La polvere e 'l caldo era senza misura e che la maggior parte di noi non solamente s' ammalasse, ma di subito cascasse morta, e più poi ci premeva la tema de la S.ra la quale si vedeva tutta vinta e superata da così intollerabile stagione. Tanto più poi che arrivati la sera qui la vedemmo tutta smarritetta, onde subito ricorremmo a suoni e a canti e a le burle, e vi era il Marchese di Polignano. Con questi allettamenti S. S. Ill.ma s'addormentò, benchè pói la notte non riposò punto sin a la mezz' hora di dì; ma si raddormentò e posossi fin a le 18 hore, il che ci apportò tanta allegrezza, che ci assicurammo di quanto si dubitava. Così per grazia di nostro S.re Iddio sta

S. S. Ill.ma sana, gagliarda e contenta vedendo le faccende quasi spedite, e sentendosi tutta disposta di ritornare, del che dubitava già, e parle d'haver passato gran pericoli come è vero; questi sono sempre i fini de' buon disegni a' quali sempre dà soccorso la bontà di Dio. Martedì partirà e fermarassi in Molfetta uno o due dì; ne vuole che passino li 25 del seguente, che in ogni modo vuol trovarsi imbarcata. La bontà di questa S.ra, Signore Ecc.mo, è maravigliosa, nè credo ch'ogni altra par sua di miglior disposizione di corpo e di più sanità, havesse potuto a mezo camino durare, e tutto attribuisco a le buonissime e essemplari sue qualità e a meriti di V. Ecc.za. Così prego Iddio a ricondurle insieme e a viver felicemente lunghissimi anni e senza più tediar V. Ecc. humilmente me le raccomando e bacio le mani. Di Giovenazzo all' ultimo d'Agosto 1549.

Di V. Ecc.za

Fedeliss. e Humiliss. Servo
LUCA CONTILE.

XII.

(COPIA L. C.)

Al medesimo

Ill.mo e Ecc.mo S.or Padron mio singolariss.o — Parse hieri a la S.ora darmi licenza che io venissi in Napoli parte per miei bisogni, più poi per alcune faccende ch'ella me impose. Intanto sono venute le Galee di Sicilia, e hier sera vennero quelle di Antonio d'Oria, e il Sor Principe si truova in Ischia essendo un mezzo dì e una notte stato in Gaeta. In Castel dell'Ovo presente la S.ra D. Giovanna, disse Austin d'Oria che 'l Principe ritornava qui per rimenarne la S.ra Principessa, così disse questa mattina D. Berlinghiero, del tutto s'è dato avviso a la S.ra e che se sappia sopra di ciò l'intenzione di V. Ecc.za, o vero che si mandi al Principe qualcuno con qualche scusazione, acciò non possa lamentarsi non li sia stato fatto palese questo proponimento di andar con le galee di Venezia. M'è parso dar notizia a V. Ecc.za di questo pre-

sumendomi di far bene, e tutto sia
con buona grazia sua, la quale desidero sopra tutte le altre cose,
baciandole sempre humilmente le
mani, e pregando Iddio la conservi lugamente felice. Di Napoli a 14
di settembre 1549.

Di V. Ecc.za

Fedeliss. e Humiliss. servo
LUCA CONTILE

XIII.

(COPIA L. C.)

Al medesimo

Ill.mo e Ecc.mo S.or Padron sin-
golariss.o — Il giorno che ritornai
da Napoli in Ariano che fu ali 18,
trovai che la S.ra s'era deliberata
venirsene a Potenza per veder la
Contessa, e così a li 20 a hore 19
ci partimmo per Montelione dove
s'alloggiò la sera, accompagnata
S. S.ria Ill.ma dal Duca e da la
Duchessa di Termola, dal S.or
Ferrante Ghivara e da Gian Vin-
cenzo in Sisto. Veramente questo
viaggio di 20 miglia è un poco
stranetto, con tutto ciò trovassimo
commodissimo albergo ne la città

di Melfi, che 'l S.or Marcantonio d'Oria ne fece quelle carezze che più non si potrebbe fare, nè da qual si voglia persona, nè in qual si sia luoco. Doman da sera ci rallogiaremo, che vi siamo molto amorevolmente aspettati. Verrà il S.or Conte a far compagnia a la S.ra sino Ariano e forse sin a Marigliano. Veramente hanno fatte molte affettuose dimostrazioni. Mercore da sera ci aspetta il cognato del S.r Gianferrante d'Ayerba a Bovino. Giovedì saremo in Ariano e per non esserci più faccende di molto intrigo, la S.ra si partirà presto. Mandò il S.or Giandonato e il S.or Galeazzo a la Serra e a la Porcina, che di già hauranno spediti questi pochi negozj che vi rimasero. Messer Ventura è in Napoli per una vena rottaseli del petto, e la buona cura, e la subita provisione l'hanno scampato da morte. Dell'esser de la S.ra non m'accade dirne altro a V. Ecc. perchè da lei minutamente sarà informata del tutto. Noi altri stiamo contenti vedendola sana e animosa, che non solamente fa viaggi strani e pericolosi per obbligo e per necessità, ma non cura fatiga

per mostrar quanto sia benigna e
amorevole verso li suoi. Così Iddio
sia pregato di conservare V. Ecc.
e aumentarla di Stati, a la quale
humilmente bacio le mani. Di Potenza a 23 di settembre 1549.

Di V. Ecc.za

Fedeliss. e Humiliss. servo
LUCA CONTILE.

XIV.

(COPIA L. C.)

Al medesimo

a Milano.

Ill.mo et Ecc.mo S.re e Padron
mio singolariss.o — Da Potenza ci
partimmo a li 24 e s'hebbe in quel
di nebbia piovosa, venti grandissimi, e per tutto il resto dì pioggia
grossissima. Nè bisognava men commodo alloggiamento che Melfi dove
fè ritrovarci quell'amorevole Sig.re
tutti quei riposi che sapeva desiderare la necessità; quello fu il luoco dove la Sig.ra si rendè certissima non essere più gravida, e quello fu il luoco dove l'hebbe l'ultimo
dispaccio, che diede avviso del ben
essere di V. Ecc.za che n' apportò

quella allegrezza, che non può in ogni altra occasione sentirsi maggiore. Da Melfì a Bovino s'hebbe l'aere chiaro, ma con qualche poco di vento; la sera non si senti molto bene la S.ra. Così di Bovino venne qui indisposta, e subito si colcò, nè s'è per ancora levata, benchè sia alleggierita quella sua doglia di stomaco. Non dirò che sia errore quello che fa un Padrone, ma dirò che si possa fare con più prudenza, la quale non lascia mai di fuggire le fanghe, a le quali non si muova la necessità. Prometto a V. Ecc.za che in Potenza e in Bovino si sono sentite quelle freddure le quali sogliono esser di Gennajo sopra il Monte di San Bernardo. Nè sono minori adesso qui in Ariano: di qui mi maraviglio che non siamo tutti ammorbati. Ma grazia di Dio da Ventura in poi, che non si risolverà così presto il suo male, stiamo sin qui sani tutti, e 'l male de la S.ra è niente, e in questa hora si sente assai meglio. Domenica prossima vuol trovarsi in Marcigliano. Ivi finirà di pigliare sei siroppi, che n' ha già presi tre, e pigliarà la medicina con un poco di sagnia, che sarà la sua sanità, e ia confermazione di essa sanità. Desiderava di prendere le Fumarole, ma dubita che la stagione non sia buona, e che 'l Principe non le conceda il tempo. Imperò s' è mandato a Napoli per vedere se la stagione fosse a proposito, e se per avventura si sapesse in che giorno potesse venire e poi partisse il Prencipe quando vi sia l' una e l' altra commodità; che l' una senza l' altra non servirebbe, si giudica che di molto giovamento sarebbe tale vacuazione a la S.ra Domane si aspetta da Napoli la risposta sopra tal cosa. Questa mattina s' è partito il conte di Potenza con il figliuol maggiore. Certamente egli e il S.or Marcantonio d'Oria hanno fatte gran dimostrazioni; imperò secondo me l'uno, credo, habbia fatto con più affezione, l' altro con più boria. Si ritruovava qui il Duca con la Duchessa di Termole e il S.or Don Francesco con la sorella del S.or Don Ferrante d' Yerba. Non ho altro degno d' avviso. Però fò fine baciando humilmente le mani di V. Ecc.za che il S.or Iddio l' essalti e feliciti lun-

go tempo. Di Ariano a 27 di settembre 1549.

Di V. Ecc.za

Fedelissimo e humilissimo servo
LUCA CONTILE

XV.

(COPIA L. C.)

Al medesimo

Ill.mo et Ecc.mo S.or Padron mio
osser.mo. — Domane fatto otto dì
che la S.ra si partì d' Ariano mezza
infermiccia, si fermò la sera in Avel-
lino, il lunedì che seguiva se ne venne in Marcigliano, il mercore se ne
partì per Portici dove al presente
siamo, e dove la S.ra con le insa-
gnie e con le purghe è ritornata
sanissima. Vero è che la tardanza
de le Galee la fanno star sospesa,
tanto più che non se ne sa cosa
alcuna; e alcuni dubitano che non
siano passate a Genova per la novità. Egli è ben vero che dopo la
deliberazione de la S.ra voler pas-
sar col Principe, non s' è tenuta
quella cura che pareva necessaria,
perchè andata la voce che ci par-

tivamo da questo paese con quelle
de Veneziani, potrebbe essere che
'l Principe non se ne fusse pigliato
più pensiero. Io a li 16 del passato
trovandomi in Napoli ne diedi avviso a la S.ra e che S. S. Ill.ma
facesse intendere la nuova sua deliberazione al prencipe, il che secondo mi dicano, si fece per ordine del Sig. Cesare de la Gatta. Imperò credo che fusse tardi; che
l'importanza era che si scrivesse
presto, e che le lettere al principe
l'havesse portate Don Berlinghiero che stette quattro giorni in Napoli. E egli sapeva per pubblica
voce che la Signora passava con
le sue galee Veneziane, nè io li
seppi dire la nuova deliberazione
fatta per la Signora che non la
sapevo; questa mi fa dubitare. Nondimeno l'opinione del Vicerè al
quale mi ha mandato la Signora
per causa di visita, è che 'l Principe ritorni per Napoli, e così af-
fermano molti Genovesi, massimamente M. Nicolò Spinola e M. Austi-
no Doria agente del detto Prencipe,
et perchè la Signora ne passava
ansia si fece venire hieri qui lo
Spinola, e raffermò che le Galee

fra due dì verrebbero con ragioni
efficaci. S' aspettaranno, e sia pregato Dio che presto le facci com-
parire, perchè il desiderio de la
Signora in riveder V. Ecc.za è sì
grande che non la lascia riposare.
Non sarò più tedioso baciando humilmente le mani di V. Ecc.a che
Iddio la conservi e feliciti a voto
suo. Da Portici a 5 d' Ottobre 1549.

Di V. Ecc.za

Fedelissimo e Hum.o Servo
LUCA CONTILE

XVI.

(AUT. CAMPORI)

Al medesimo

Ill.mo e Ecc.mo Sig. Padron mio
singolarissimo. Nettuno invidioso
de la congiunzione di Venere con
Marte, ci ha trasportati in Piombino con molto stento. Ma poi che
tutti gli altri pianeti hanno supe-
rato il furor di Nettuno, è venuto
il sole a confortar la Signora a
seguitare il viaggio, talchè tutti
siamo allegri, conoscendo i fati esser tutti disposti a la congiunzione

di sì felice coppia. Non dirò altro
se non che V. Ecc. vedrà la Signora
sana gagliarda e contenta tanto
per li negotii espediti, ma molto
più per avvicinarsi a l'Ecc. V. a
la quale humilmente m'inchino e
bacio le mani. Da Piombino a 18
d'ottobre 1549.

Di V. Ecc.

Fedeliss. e humiliss. servo
LUCA CONTILE

XVII.

(L. C.)

Al medesimo.

a Piacenza.

Ill.mo et Ecc.mo S.or Padron mio
singolariss.o — L'Ecc.a de la S.ra
si ritruova a presente in San Paulo
dove questa mattina ha desinato.
Trovasi, grazia di Dio, sana e di
buona voglia. E perchè ella scrisse
hiersera a V. Ecc.za l'è parso ch'io
per sua comissione faccia a V. Ecc.
intendere come Luigi Saiavedra è
qui e aspetta con desiderio le risposte di V. Ecc.za che vanno al
S.or Duca di Sessa. E perchè detto
Luigi mostra a la S.ra il bisogno

c'ha di partirsi presto, prega V.
Ecc.za si degni mandar le dette ri-
sposte. Questa sera sentendosi la
S.ra disposta come hora si sente,
scriverà al Ecc.za V. a la quale ba-
cia le mani e si raccomanda con la
S.ra D. Hippolita. E io prego nostro
Sig.re Iddio che la contenti e feli-
citi baciandole humilmente le mani.
Di Milano a 17 di 7.bre 1550.

   Di V. S. Ill.ma Ecc.ma

       Humiliss. e fedeliss. servo

            LUCA CONTILE

XVIII.

(L. C.)

Al medesimo.

                a Milano.

Ill.mo e Ecc.mo S.re Padron mio
singulariss.o. — Questa mattina ho
scritto a V. Ecc. che la S.ra Ecc.ma
è andata a la Madona de le Grazie
dove farà colazione e non disinarà.
È ella andatavi sola con la Marchesa e con la S.ra Ginevra Mala-
testa, aggiontavi la Palazza in un
cocchio, in un altro le donzelle:
huomini non vi sono andati, escetto gli staffieri. Questa sera cena-

ranno agli Angeli dove il R.mo va
ora che sono 19 hore. Madama sta
ancora in letto con molta molestia
de la podagra. E per haver questa
matina scritto a bastanza non sarò
più lungo per non dar fastidio a
V. Ecc. de la quale desidero felicissimo tempo e humilmente le bacio
le mani. Di Mantua a 18 d'Aprile
1551.

Di V. Ecc.za

Fedeliss. e humiliss. servo
LUCA CONTILE

XIX.

(L. C.)

Al medesimo.

Ill.mo e Ecc.mo S.re Padron mio
oss.mo — Hieri a 20 hore visitò la
S.ra Ecc.ma il S.or Duca di Savoia,
Madama di Celant e D. Cesare d'A-
valos. Questa matina ha fatta l'entrata S. Altezza sonate le undice
hore, hebbe poca gente a quello che
s'aspettava. Imperò come si sia ha
rallegrata questa città ed è comparso con ogni sorte di piacevo-
lezza. la S.ra uscì a rincontrar S.
Altezza sino a la porta del came-
rone dipinto nuovamente, ch'indi

s' entra nella sala nuova. S. Altezza
accarezzò la S.ra con tutte quelle
affettuose accoglienze che più non
si può desiderare: la S.ra con ogni
grado di riverenzia supplicolla che
s' andasse a riposare, e S. Altezza
stava pur ragionando con la S.ra
come se le fusse stata madre: nella
riverenzia che le fece la S.ra D. Hippolita parimente si mostrò S. Altezza più che benigna. Così tutte
l'altre signore che erano in compagnia de la mia padrona baciaro a
S. Altezza le mani, le quali erano
la S.ra Castellana, la S.ra Barbara
Trivultia, la S.ra Laura Gonzaga.
la S.ra Violante con la nuora e la
S.ra gran Cancelliera. Volse sua Altezza accompagnar la S.ra sino a la
camera sua e qui contrastaro assai:
ultimamente la S.ra restò e fu visitata da tutti li S.ri di questa Corte
e sopra tutti dal S.or Duca di Sessa
c' hieri due volte venne in casa. De
i gentil huomini nel ricever sua Altezza in compagnia de la S.ra Ecc.
furono il S.or Castellano, il conte
Vitaliano. Visconte, il Resoluto e 'l
Risolutino, il Capitano di Giustizia
e i signori Postierli con il S.or Dio-
nisio Brivio. Hoggi S. Altezza ha

dormito un pezzo, poi s'e posto per due hore alla finestra della camera che mira il giardino dove l'Ecc.za V. suole dare udienza. Per ancora non se l'è presentato il S.or Filippo, ancor che S. Altezza molto amorevolmente ne domandasse. Domane la S.ra s'ingegnarà di farle havere quei trattamenti ch'i tempi presenti richieggano. Si dice che si partirà giovedì. per mercordì si prepara un pasto a la Gonzaga. Ho detto assai forse tediando V. Ecc. Hoggi la casa è stata piena, così piaccia a Dio di conservar sana e vittoriosa l'Ecc. V. per contento di tanti che stiamo sotto le virtuosissime ale di quella; de la quale humilmente bacio le mani e desidero compita felicità. di Milano a 22 di Giugno 1551. Hieri morì la S.ra Camilla della Torre ammalata d'otto dì solamente.

Di V. Ecc. Fedeliss. e humiliss. servo

LUCA CONTILE

XX.

(L. C.)

All' Ill.mo et Ecc.mo Sig. Padron mio oss.mo il Sig. Cesare Gonzaga Principe di Molfetta e generale della gente d'armi di Lombardia per S. Cat. M.tà

In Voghera.

Ill.mo et Ecc.mo Sig.r mio Padrone oss.mo — La lettera di V. Ecc. scritta all'Ill. sig. Podesta Pizzinardo, ha fatto gran benefitio alla innocentia di Silvestro Bottigella, massimamente che le fedi del Foriero Baldassarre e del segret.o Calmona hanno trovata giustificata sententia dinanzi al tribunal della giustizia, nè si poteva sperare altra conclusione in difesa dello stesso Bottigella gentilhomo meritevole e per virtù d'arme e di lettere, specialmente nella servitù fatta per molti anni alle due M.tà cesarea e catholica. E perchè potrebbe occorrere che di simil caso si ragionasse alla presentia dello Ill.mo et Ecc.mo Sig. Duca, però si degni V. Ecc. di testificare come lo stesso Bottigella è creatura della immortal memoria del sig.r Don Ferrando Gonzaga mio signore. E perchè sa ella che gli effetti generosi sono proprij frutti de suoi pari, convenevoli a principe figliuolo di principe, per questo usi la sua solita benignità in far benefitio a suói servitori.

L'Academia scriverà a V. Ecc. in tanto si degni di farmi nota la sua intentione et io m'ingegnerò di ritrovare una impresa non inferiore a qual altra sia d'ogni altro Principe academico. E con questo riverentemente le bacio le mani. Di Pavia a 25 di luglio 1571.

Di V. Ecc. affettionatiss. ser.re
LUCA CONTILE

GIOVANNI DELLA CASA

~~~

Questa lettera del celebre Monsignor della Casa giova a rendere più compiuta la corrispondenza del medesimo co' Farnesi edita dall'egregio Ronchini. Essa ha soltanto la poscritta di mano del Casa Nunzio in quel tempo presso la Republica di Venezia.

(AUTOGR. CAMPORI)

All' Ill.mo et Ex.mo S.r il S.r Daca di Piacenza et Parma S.r mio Col.mo.

Ill.mo et Ex.mo Sig.r et Pro.ne Col.mo. – Gli oratori di V. Ex.tia se ne ritornano con satisfattione et contenteza del Ser.mo Principe et di tutto 'l Colleggio: essi exposero l'ambasciata loro molto accommodatamente, et con parole tanto buone quanto si potesse desiderare in simile matteria, et con tutta quella riputatione et dignità di V. Ex.tia et delle persone a chi parlavano che si convenìa, et nel resto poi ogn'al-

tra cosa è passata con honore assai
di V. Ex.tia si come essi gli doveranno referire. Mi rallegro con tutto
il core con la Ex.tia V. della nova
dignità acresciuta al R.mo et Ill.mo
di Napoli, la quale benchè fosse come
debita alla singolare virtù di Sua
S.ria R.ma et Ill.ma non di meno ha
da essere oltramodo stimata et honorata da me, sì per che con essa
insieme è congiunta la exaltatione
di V.ra Ill.ma Casa, si per che dal
cielo mi è dato oltre V. Ex.tia et
gli altri suoi Ill.mi figlioli partico-
larm.te havere questi due rarissimi
et virtuosissimi Sig.ri Mons.r R.mo
et Ill.mo Farnese, et esso Ill.mo et
R.mo di Napoli per miei singolaris-
simi Padroni, di che ne rengratio infinitamente N. S.re Dio, et prego la
sua M.tà che felicemente li conservi,
e V. Ex.tia ancor. Alla quale humilmente bacio le mani.

Di Venetia alli iij di Gennaro del xlvi.

Di V. Ex.tia

Anchorchè gli Ambasciadori di alcuni altri principi siano comparsi con
maggior pompa, non di meno V. Ex.a
stia sicura che i nostri sopradetti

hanno satisfatto et nella pompa et in ogni parte pienissimamente anchor che M. Anibale Brunatto si sia molte volte sbigottito vedendoli non in tutto simili agli altri che son venuti.

Ser.re deditiss.o
IL NVNTIO DI VEN.A.

ANTON FRANCESCO DONI

~~~

Il Doni appartiene a quella schiera di scrittori che delle lettere fecero mercato barattandole con monete. Meno tristo dell'Aretino, ne seguiva però le norme con frutto e col moltiplicare i libri e le dedicatorie, tirava a sè la pecunia dei principi che avevano paura della sua malvagia e satirica penna. Con queste due lettere egli accompagna l'invio del suo trattato delle Medaglie, nell'aspettazione di quella ricompensa che era lo scopo unico di tutti i suoi scritti.

I.

(BIB. ESTENSE)

Allo Ill.mo et Ecc.mo Signore Duca di Ferrara S. suo oss.mo.

Illustrissimo et Ecc.mo Principe. – Le medaglie coniate et i libri scritti da gli antichi ci hanno mostrato quanto sia stato il valore de gl'huomini di quei tempi, et fattoci conoscere i lineamenti del volto et la phisionomia di tanti illustri spiriti. Onde io per far vedere a i secoli che verranno, i buoni, i virtuosi et coloro che meritano, in medaglia et in libri (per che ultimamente non ci resta altro che la fama) ho cominciato a farne alcuni, et scriver la vita, et l'opere loro: fra i quali V. Ecc.za vedrà l'Ariosto divino. Farò ancora tutti i Principi et il Padre immortaliss.o di V. S. Ill.ma. Ma per che l'impresa è di gran peso sopra le mie deboli spalle, è forza ch'io ricorra a i valorosi principi liberali et virtuosi, come è V. E.za alla quale presento et consacro questo picciol libretto semplicemente ornato; ma pieno d'huomini famosi, et grande per l'opere loro, et per la riverenza ch'io porto alla felicissima persona vostra: et mi raccomando humilmente a quella che la benignità sua mi porga la mano, a condurre tal opera degna a perfettione, et a V. S. Illustrissima m'inchino et molto mi raccomando. — Di Vinegia alli ij di Febraio 1550.

Di V. E.

humil. servo
ANTON FRANC.O DONI FIOR.NO.

II.

(AUTOGR. CAMPORI)

Allo Ill.mo et Ecc.mo S,r Don Ferrante Gonzaga Signor mio sempre oss.mo. — Milano.

Ill.mo et Ecc.mo Signore. - Coloro che compongono o danno in luce libri, sempre gli dedicano al nome di qualche Signore degno d'honore, in fra i quali ho eletto io V. S. Ill.ma per dar fuori il presente libretto di medaglie sperando in breve presentar l'ecc.za v.ra di maggiore et più honorato presente: intanto le bacio l'honorata et virtuosa mano. — Di Vinegia alli 9 di Febraro 1550.

Di V. S. Ill.ma

humil. servitore il DONI *fiorentino in Casa l'Imbasciador Cesareo.*

MARIO EQUICOLO

Questo dotto Napolitano trovò per sua
buona ventura ospizio e favore nelle
due Corti di Ferrara e di Mantova, alle
quali convenivano da ogni parte d'Italia gl'ingegni più peregrini. Una raccolta delle lettere sue che in gran copia si conservano inedite, darebbe luce alla storia dei tempi e ridestereb-
be la memoria del nome suo dalla
noncuranza e dall'obblio da cui non
l'hanno potuta preservare le opere me-
ditate e lodate dai contemporanei. Quel
Demetrio Mosco ch'egli raccomandava
ad Aldo Manuzio perchè stampasse una
sua tragedia greca, assicurandolo che
la spacciarebbe a furia, era uno di quei
tanti fuorusciti venuti in Italia a di-
fendervi l'ellenismo. Il Tiraboschi scrive di lui che fu lungamente in Ferrara
presso i Rangoni, nella Mirandola presso i Pichi, in Mantova e in Venezia ad
insegnare, che compose molte poesie,
alcune orazioni e pubblicò un poema
sopra Elena assai encomiato dal Giral-
di. Aldo che in quest'anno aveva do-
vuto, in causa della guerra, interrom-
pere i lavori della stamperia, non potè
soddisfare in allora nè in appresso il
desiderio dei suoi due amici.

(Ms DELLA VATICANA N. 4105)
*Al clariss. et eruditissimo M. Aldo
Pio Romano in Ferrara.*

Clariss. D. Alde. M. Demetrio Mosco homo (come sapete) et optimo et eruditissimo ha una sua comedia da esso elaborata assai: et multo piace ad tucti che de la letteratura greca han gusto, maxime ad M. Lascari nostro *qui cum hic esset laudanter laudavit.* M. Marco Musuro ancora la commenda sopra modo: però alcuni amici del predetto M. Demetrio, fra quali io non me reputo de minimi soi amantissimi, lo havemo pregato ad volerla publicare, et farla stampare. Responde che una volta ne parlò a voi; et che non so che parole vi furono de intitularla al sig. Alberto (1). M. Aldo mio quando ve ne piaccia stamparla con la vostra solita diligentia farete piacere ad molti, gratificando M. Demetrio, et so certo la spacciarete ad furia. Avvisatemi, che la farò mandar in vostra mano correctissima: et perchè sete homo de discretione et conscientia contenta-

(1) Il celebre Alberto Pio signore di Carpi.

rete il nostro M. Demetrio de vostri libri Greci, che piglierà ogni cosa, et de questo non solo a tutti noi de qui, ma so certo che alla signora Marchesa (1) seria cosa grata. Io sono tutto vostro et ad V. M. me raccomando. Mantuae 15 Junii 1510.

MARIO EQUICOLO.

(1) Isabella d'Este Gonzaga Marchesa di Mantova.

DON GABRIELLO FIAMMA

Oriundo di Venezia, autore di molte opere in prosa e in versi, è in concetto di uno dei migliori scrittori di rime sacre. Fu Canonico lateranense, lodatissimo predicatore e morì Vescovo di Chioggia nel 1585. Queste cinque sue lettere dalle quali appare com' egli avesse a patire molestie dalla Inquisizione, furono citate dal Tiraboschi (*Storia lett. VII. 1174*).

I.

(COPIA NELLA BIB. ESTENSE)

All' Ill.mo et Ecc.mo Principe il Sig. D. Cesare Gonzaga

Ill.mo et Ecc.mo Sig.re. Ancorchè dall' Ecc.mo S.or Marcantonio Colonna, come da viva lettera l'Ecc.za Vostra sia stata, si come credo fermamente, avvisata e fatta certa dell' esser mio, e quanto vivamente porto nel cuore la memoria della sua volontà et de suoi beneficj, non voglio ancor restar di far questo medesimo offitio con queste lettere, colle quali vengo humilmente a ba-

sciar le mani di Vostra Ecc.za, e
renderle infinite grazie di quanto
ha fatto per me, e supplicarla anco che perseveri fino alla fine, al
che fare non mi spinge desiderio
di nuovo grado, ma timor di nuova confusione. Le prego poi perpetua felicità e contentezza, così nostro Signore mi faccia grazia d'accettar i prieghi mei. Di Napoli il
xiiij di Marzo del LXII.

Di V. Ecc.za

Humil servitore
DON GABRIELLO FIAMMA

II.

(L. C.)

Al medesimo
a Roma

L'Ill.mo et Ecc.mo S.or Marcant.o
Colonna usando meco della sua benignità s'è degnato di farmi saper
le cose che passano costì contra
di me, e quello che V. Ecc.za ha
fatto per me, del che son restato
tanto in obbligo con la Sua Ecc.za
quanto è maggior il bisogno ch'io
ho del favor dell'uno e dell'altro
e del sostegno in tante persequtio-

tioni. Ho reso grazie a quel Signore tanto cortese e tanto raro, faccio il medesimo a V. Ecc.za tanto amorevole e tanto buona, e di nuovo le raccomando me stesso con tanto maggior affetto quanto è maggior l'effetto che giornalmente esce da V.ra Ecc.za in mio giovamento. Di Napoli il XVI di Marzo del LXII.
Di V. Ecc.za

Humil Servitor
DON GABRIELLO FIAMMA

III.

(L. C.)

Al medesimo

Ill.mo et Ecc.mo Signore. Per altre mie ho avvisato V.ra Ecc.za del successo delle fatiche mie, le quali si come son state lodate infinitamente dall'universale, cosi da alcuni maligni et invidiosi sono mal premiate, come V. S. Ill.ma può sapere. Et io l'ho sentite in effetto che jeri sera per commissione del Cardinale Alessandrino mi furono pigliati tutti i scritti miei e notato ogni libro, et ogni minima polizza mia. Questo non mi è grave

venendo la commissione da quel da
bene et religiosissimo Signore et
dal Santissimo Tribunale della Inquisizione, ma ben mi doglio che
gli ne sia data occasione da alcuni
maligni et invidiosi emuli miei.
Voglio sperare nella bontà di Dio
la cui verità Catholica ho sempre
predicato con tanto zelo Christiano come V. E. in parte può ren-
derne testimonio: sperarò ancora
nell' innocenza mia, nel favore di
V. S. Ill.ma, et di tanti altri che
mi hanno ascoltato, et nella giu-
stissima et santissima equità di
quei Ill.mi Signori della Inquisizione che già mi conoscono et trova-
rono più presto nelle mie fatiche
occasione di premiarmi, o lodarmi,
che di condannarme. Attenderò dunque allegramente a finire le prediche et dopo Pasqua me ne venerò
volando a Roma per basciare le
mani all' Ecc.za V.ra, et riconosce-
re tante grazie et tanti favori, come meglio potrò, et a rendere conto
a quei Ill.mi et R.mi Signori della
dottrina mia, anci della Chiesa
Catholica.

Non scrivo di mia mano, che mi
trovo sdegnato il braccio destro,

havendomi levato questa mattina sei ontie di sangue, che mi bisognava per una pestilente ebolizione di sangue nata dal travaglio della predica. Non mi resta più che dire salvo che bascio le mani di V. S. Ill.ma, et con ogni riverenza humilmente me gli raccomando. Di Napoli il XX di Marzo del LXIJ.

Di V. Ecc.za

Humiliss. Ser.re
DON GABRIELLO FIAMMA

IV.

(L. C.)

Al medesimo

Ill.mo et Ecc.mo Signore. Sono hora per stampare un volume di prediche mie, et desidero che non le stampi se non chi vorrò io con disegno di sollevar in qualche parte i bisogni miei con l'acquisto che spero si farà per questa impresa. V. S. Ill.ma et Ecc.ma può favorir questi miei disegni grandemente, impetrandomi grazia dal Sig. Duca Ecc.mo che nello Stato di Mantua et di Monferrato in alcun luoco suo non si possi stampar o vender dette prediche mie se non di mia commissione o licenza, gratia che Sua Ecc.za concede a molti et nondimeno l'haverò per singulare. Io non ho voluto altro mezzo se non quello di V. Ecc.za, perchè so quanto per sua benignità desidera di giovarmi, et però anco ho preso espediente di farle senza altro palese quello ch'io bramo e desidero, et humilmente a V. S. Ill.ma et Ecc.ma mi raccomando. Vinetia il VII Giugno del LXVI.

Di V. S. Ill.ma et Ecc.ma

Humiliss. Ser.e
DON GABRIELLO FIAMMA

V.

(L. C.)

Al medesimo

Ill.mo et Ecc.mo Sig.re. Questo volume di prediche ch'io mando a V. Ecc.za sono state hora da me poste in luce, come Dio sa, principalmente per mostrar a V. Ecc.za et al mondo ch'io conosco le gratie che mi ha fatto sempre V. Ill.ma Sig.ria però la supplico che voglia volentieri accettar questo dono che così mi farà benedir le fatiche, le quali io vi ho fatte intorno. Ho voluto dedicarle all' Ill.mo suo fratello e per i meriti suoi et pensando di servire all'intentione ch' ha V. Ecc.za di porlo in quel grado che pose l'Ill.mo et Rev.mo Francesco il che prego Dio che sia presto, et non essendo questa mia per altro a V. Ecc.za humilmente mi raccomando. Venetia il viiij Novembre nel LXVI.

Di V. Ecc.za

Humiliss. Servitore
DON GABRIELLO FIAMMA

GALEAZZO FLORIMONTE

VESCOVO DI SESSA

Queste lettere così semplici e senza ombra di studio, non si crederebbero dettate da un dotto e riputato filosofo, da un vecchio di 83 anni. E meno si crederebbe che in quella tarda età, quell'uomo possedesse una intelligenza così desta ed alacre da ingolfarsi nel Platonismo e così bassamente sentisse di sè, che senza tener conto del lungo studio fatto in quelle materie, sottoponesse il suo manoscritto alla revisione di chi ne sapeva meno di lui e nel suo voto si rimettesse per conservarlo o per distruggerlo. Il Florimonte di cui qui si scorge come in uno specchio l'anima candida e modesta, fu autore di uno dei migliori commentari all'Etica di Aristotele che si fossero fino allora veduti, erudito in lettere greche e latine, Vescovo di Aquino poscia di Sessa sua città nativa nella quale morì del 1567 nella età di 89 anni.

I.

(AUTOGR. CAMPORI)

A Carlo Gualteruzzi

Mag.co Sig. Sì possente è la congettura ch'io fo che voi siate in Roma (che per altro non lo so) et forse in Conclave, che me lo tengo per certo. Et mi parrebbe strano, se per altri messi, et non per voi stesso lo sapessi. Pure comunque sia, mi farete questo piacere, che quando vedrete, et harete occasione di parlar alli nostri Re.mi padroni, quali voi sapete per senno et per lo libro, se all'hora saranno Cardinali, date le mie humilissime et amorevolissime ricomandationi. Et s'alcuno d'essi si trovasse Papa, basato che gli harete un piè per voi, gli basarete l'altro per me. Et se il luogo et il tempo et la conditione della persona lo consentono, *praeceptum auriculis hoc instillare memento.* Quanta allegrezza ho che sia Papa, tutta è fondata su la speranza che sia buon Papa. Et tra questo mezzo attendete a star sano, et amar-

mi se potete. In Sessa adì XIIIJ
d' ottobre MDLIX. All' Ill.mo et
oss.mo in eterno mio S.r et pro.n
Cardinal di Trento presentate questo mio cuor pieno d' amore et osservanza et saldissima memoria verso quel pelago di cortesia et humiltà et gentilezza.

Quel vostro antico da fratello
GAL. V. DI SESSA

II.

(L. C.)

Al medesimo

Molto Mag.co S.r Carlo. Poichè
la S. V. così ben representa il liberal Aprile, io mi prenderò la persona di Marzo mio cortese. M. Cesare Ferranti mi scrive che la S. V.
si mostra molto pronta a leggere
con la penna in mano il mio scar-
tabello dei ragionamenti Platonici.
Et io che appresi in Francia di
ringratiar di tutte le cose offerte
come donate, ringratio la S. V. della
cortese offerta, et di già le mando
due ragionamenti Platonici, con
patto che prima la S. V. gli tra-

scorra, et trovandoli al suo parere
inetti et indegni d' andar fra la
gente, me lo dica liberamente perchè io non men volentieri li strac-
ciarò, che li ho scritti. Ma se non
vi dispiacessino in tutto, et vi paresse di mancarne, o mutarne, o
aggiungerci, mi farete piacere grande a farmel' intendere, et io vi ne
terrò maggior obligo, vedendovi
far l' officio di Quintilio. Il medesimo scriverei al mio R.mo Mons. di
Zara vedendomi tanto contentato
da Sua S.ria et dalla vostra di
quella lettera al Re Felippo. Se in
questo primo ragionamento ove si
parla dell' eshortatione che fa Pla-
tone a pregare Iddio, vi paio troppo lungo, come da qual' uno è stato detto, cancellatene alcuni di quei
luoghi che paiono soverchi. Et così in tutto 'l libro *do tibi amplis-
simam potestatem corrigendi, ver-
tendi, et delendi quicquid tibi vi-
sum fuerit.* Ma sopra tutto ricor-
datevi, *quod vivo in horas,* et desidero veder qualche essito di queste mie faticucce. Et per hora non
dico altro, se non che se le parrò
importuno ne incolpiate voi stesso,
che non vi ricordaste che havevate

a fare con Napoletani. Et sappiate
che questi non sono tutti, però che
ne tengo in ordine alcuni altri di
maggiore lunghezza di questi. Et
alla S. V. mi raccomando. In Sessa
a XX di luglio MDLXI.

Antico fratello et ser.re

GAL. V. DI SESSA

III.

(L. C.)

Al medesimo

Da qua ad un poco mi direte,
come disse il Berna al Vescovo di
Verona

Tu daresti da far a Brialeo
C'haveva cento piedi, e cento mani
O Reverendo Misser Giovan Mattheo

Hoggi ho mandato un' altra lettera allo procaccio, et hora gli
mando questa con sissantanove ju-
lj di moneta papale, che gli debba
dare in mano di V. S. la quale ne
farà quel che M. Cesare Ferrantio
ordinarà, o vero haverà ordinato.
Al Procaccio non accade dare altro
del porto perchè è pagato. Et alla
S. V. quanto posso mi raccomando. In Sessa a dì XV di settembre
MDLXI.

Il vostro solito

V. DI SESSA

IV.

(L. C.)

Al medesimo

Molto Mag.co Sig. Carlo. Volesse
Iddio che Sessa stesse lungi da Roma non più che Velletri, ch' io ardirei pregarvi che venesti a starvi
meco qualche dì, per reformarmi
questi ragionamenti platonici, i quali si sono tanto insuperbiti per le
vostre laudi, et per quella lettera
Filippica, che non si degnano della
mia penna. Ma io son filosofo, et
me ne vo con quell'Epittèto che 'l
Sig. Lottino solea portar in seno,
Quae sunt extra nos, nihil ad nos.
Priego ben V. S. che quel che non
può far da presso faccia da lontano il meglio che può. Et se il
Sig. Gerio che conosce bene Filippo dirà che questo non sia pasto
da suoi denti, dirò: *Ergo detur at-
teri, aut nulli.*

La S. V. si è portata molto bene, ma si poteva portar meglio se
quella cosa della famigliarità la di-
mandava al Sig. Horatio suo figliuolo, et non stare ad aspettare che

tornasse il Sig. Gallese. Però la priego, essendo la cosa pendente più tosto da pratica, che da scientia, me ne voglia avvisare lo più presto che può. Et alla S. V. mi raccomando. In Sessa a dì 25 d'ottobre MDLXI.

Comprarei a contanti una amorevole salute del nostro Ill mo padrone S. Angelo.

Il solito vostro
G. V. DI SESSA

SCIPIONE FORTIGUERRA

DETTO CARTEROMACO

~~~

Queste lettere del dottissimo collaboratore di Aldo Manuzio hanno un grande valore non tanto per le notizie che porgono, quanto per essere scritto in volgare e non in greco o in latino, come era solito di fare, carteggiando cogli eruditi suoi amici. È vero ch'ei le infarcisce di parole e frasi latine quasi a dimostrare la ripugnanza ad adoperare un linguaggio che agli occhi suoi cedeva di nobiltà e di gravità agli antichi. Innamorato dei greci volle perfino trasformare grecamente il proprio cognome di Fortiguerra nell'altro di Carteromaco, col quale è comunemente designato e conosciuto. Chiamato a Venezia a insegnare alla gioventù lettere greche e latine, si associò ad Aldo Manuzio nel correggere e nel pubblicare le edizioni dei classici e nel fondare la celebre Accademia Aldina, di cui compilò il regolamento. Da Venezia passò a Roma a cercar ventura e colà fu ospite gradito nelle corti dei Cardinali, finchè andato a Firenze con Giulio de Medici che divenne poscia Clemente VII, fu sorpreso dalla morte nella sua nativa città di Pistoja in età ancor verde, l'anno 1515. Come la maggior parte degli el-

lenisti del suo tempo, l'esercizio continuo dell'insegnare e dell'espurgare i
testi degli antichi scrittori, non gli con-
cesse agio di attendere a lavori originali dei quali non lasciò che un'Orazione
in lode della lingua greca e alcuni epigrammi. Narrasi però ch' egli avesse in
ordine per la stampa molti suoi scritti
i quali andarono perduti. Il Ciampi che
scrisse la vita del Carteromaco conobbe
l'esistenza di queste lettere, ma non
potè vederle nè averne notizia. Esse
gli avrebbero giovato e riempire le la-
cune ed a correggere alquante inesat-
tezze del suo lavoro. La data della
partenza da Venezia del Carteromaco
da lui fissata nel 1506, si vede qui an-
ticipata di due anni. Anche il Fontanini
le vide e ne diede ragguaglio ad Apostolo Zeno, che glie ne rese grazie in
una lettera del 26 di marzo 1735.

I.

(COD. VATICANO – OTTOBONIANO N. 1511)

Aldo Manuccio Pio Romano Venetia.

Alde salve. Di poi partii di costà
non ho mai avute vostre et io pure
ne scrissi pel vostro Lodecca (1):
stimo l''Accademia non habbi più

(1) Così nella copia di questa lettera, ma dovrà
forse leggersi Nicolò Giudeco veneziano uno dei
componenti l'Accademia Aldina.

bisogno di noi. Il perchè io ho preso altro partito, cioè andarmene insino a Roma et lì starmi per questo verno, maxime che mi è occorso una faccenda la quale mi spigne insin là, dove quando sarò *si quid potero conferre Academiae* lo farò volontieri come io debbo. Don Pietro dice havervi scritto più volte, nè mai ancor lui ha potuto havere una minima risposta, a lui par gran cosa, et io non me ne maraviglio. *Novi Aldum.* Io da Boma vi scriverò, se non mi risponderete non rescriverò, *ut parcam periturae chartae.* Voi mi prometteste di mandarmi almanco dieci delle mie orationi (1), *nec stetisti promissis*, non ho potuto usare un poco di liberalità qui a miei amici *in ostendendis rebus meis*, neanco vedere il giudicio loro. Io dico di haver fatto una certa oratione et non la posso mostrare. Havrei caro di intendere se Homero è finito e Demosthene, et se io ne potessi avere uno in Roma, pagando la vettura, perchè sareste cagione che io lo

---

(1) Cioè l'Orazione *de laudibus litterarum graecarum* da lui recitata per l'apertura delle sue pubbliche lezioni e stampata da Aldo nell' anno stesso.

studiassi con diligenza, et forse lo
leggessi là, et intavulassilo *uti so-*
leo. Il che farebbe anche al proposito vostro *ad tempus*. Io non attendo ad altro che a intavulare *ut*
parem mihi penum litterarum.
Sapete quello haviamo pactuito insieme, voi mi aiutiate coi libri, et
io collo studio voi: *sta promissis,*
et rescribe aliquando come vanno
le stampe et Greche e Latine, *et*
quid cogitas, quid Nuptiae tuae,
quid Imperator? quid caetera?
Messer Bernardino nostro è a Siena
ritornato in gratia con Pandolfo;
non l'ho visto ancora, ma credo
vederlo facendo il viaggio di Roma.
Quando volete scrivere dirizzate le
lettere a Don Pietro nostro, et las-
sate el pensièro a lui che me le
manderà dovunche io sarò. Raccomandatemi a M. Daniello, al Qui-
rino, al Bembo, al Canale, al Giorgi
nostro compare et a M. Bernardo,
a Andrea nostro d'Asola, *et caeteris*
Academicis. Et tu vale. Florentiae
die XI octobris 1504.

Tuus S. CARTHEROMACUS.

II.

(L. C.)

Aldo Pio Manucio bonarum litterarum Illustratori, Reparatori, Conservatori. Venetia a Sancto Augustino.

Alde salve. Da poi sono in Roma vi ho scritto tre volte, l'ultima fu risposta ad una vostra hebbi qui da uno libraro del Jonta. Scrissivi come ero in casa el Cardinale Grimano acconcio per insegnare a uno nipote, quello a chi insegnava el nostro Hieronimo Aleandro, et io ho assai buona conditione, in modo che me contento perchè *sum tandem Romae, et inter libros Graecos,* et l'Accademia costà si potrà molto bene provvedere di maestri, poichè è presa la parte come scrivete, nè mancarà huomini. Io desiderarei (come per altre mie vi ho scritto) havere il Demosthene et l'Homero, per poterli et studiare io *meo more,* et anco per poter leggere a qualcheduno, perochè non c'è manco desiderio quà *litterarum Graecarum* che sia costà, *et caeteri, aut nesciunt docere, aut no-*

lunt, nos iidem sumus qui semper,
erimusque dum spiritus hos reget
artus. Harei caro mi mandaste Giovan Gramatico sopra la Posteriora,
et *si quid aliud novi vel graece*
vel latine est tibi impressum, ex
quo discessimus. Per altra mia vi
scrissi come haveva visitato Madonna Felice, et lei m'haveva commesso vi scrivessi se havevate stampato niente in latino o in vulgare,
fussete contento mandargliene di
ciascuna una; non sono poi tornato
perchè vorrei poterle dire qualche
cosa havessi da voi. A Phedro vi
raccomandai come vi avvisaste, lui
è tutto vostro, e dice quando può
fare qualche cosa per voi lo affa-
tichiate. Scrissivi di Natalino come
era... et più volte m'haveva detto
come lui stava col Cancelliere del
Duca di Lorena, et come stava
molto bene, et che non li mancava
delli altri partiti, adesso mi dicie
M. Alessandro nostro da Bologna,
che non è vero lui abbia partito
alcuno, et che si sta non troppo
bene, perochè dicie portò seco non
so che libri in carta buona, e' quali
ha venduti et con quelli si vive, et
che mancati quelli lui farà male,

però me ha pregato ve ne scriva, se vi pare adesso farlo intendere al padre, *aut quid aliud tu videris*. Le cinque mie orationi le quali dite mi havete mandate non le ho havute, et desiderole grandemente, perochè me fo pure un poco d'honore qui con questi signori et huomini da bene. Pregovi me ne mandiate qualcuna, ma in modo che io l'habbia quando bene dovessi pagare qualche cosa pella portatura. Per altre mie in processo di qualche dì, v'avvisarò de' miei studi, et quanta commodità me succeda. De' libri voi mi mandarete quelli denari mi avvisarete vi rimetta, vi rimetterò. Avvisate quello fate adesso, *et quid cogitas, commenda me Academiae universae*, pella quale, et particolarmente et *in universum*, se io posso fare qualche cosa offeritemi a tutta insieme et *singulis. Vale et me ama.* Romae die 11 decembris 1504.

Tuus S. CARTHEROMACUS.

III.

(L. C.)

*Aldo Pio Manucio Romano bona-
rum litterarum Illustraiori, Reparatori, Conservatori. Venetia
a Sancto Augustino.*

Alde optime salve. Ho ricepute
cinque orationi insieme con vostre
lettere del dì 11 del passato. Piacemi assai che li amici non habbino
verso di me conceputo indignatione,
sapete ogni homo è tenuto a cercare el fatto suo, benchè l'animo
mio in verità era di tornarmene a
Venetia quando la cosa fosse.....
Andando in lungo, *ego disperave-
ram:* dispiacemi bene havervi dato
fatica a voi et... di procurar per
me. Io nè a voi nè alla città di
Venetia sono per mancare... *opor-
tet velle me, mea fata trahebant
in urbem,* dove, ringratio Dio, sto
bene et molto a mio proposito.
De' libri mi volete mandare vi ringratio sommamente, ma non vorrei
però farvi questo danno, che voi
mi haveste a donar l'intero, sarebbe bene assai quando me faceste
piacere, secondo usate alli altri Ac-

cademici. Quanto m'avvisate vorreste vi facessi io partecipe delle mie tavole, io non ne posso far niente adesso, primo perchè non ho libro nessuno mio quì appresso di me, nè anco la chiave del forziere, che l'ho in Prato. Di poi perchè stimo questa state haver a venire infin costà con miei padroni, di che n'è stato ragionato, *et ego Alde maxime timeo mei libris.* Non mi diffido di voi, *sed novi facilitatem tuam et liberalitatem. Nihil nosti negare.* Habbiate vi prego pacienza, le fatiche mie *ego nimium amo.* S'io perdessi quelle, non credo che staria mai contento. *Tu non potes uti diligentia in rebus tuis quid in meis faciam spero me tibi cum adero probaturum causam meam.* El Demosthene di quel mio compagno farò d'havere li denari, avvisate pure a chi volete li dia quì, o se volete che li dirizzi costì. A Madonna Felice lessi quella particella delle vostre lettere, hebbene grande piacere, et molto vi ringratia, et pregommi la raccomandassi assai a voi, pertanto ve la raccomando, *ridebis et licet rideas*, lei mi replicò tre o quattro volte tale raccomandatione

alfine mi disse starebbe in continuo
desiderio de' libri li scriveste mandarle perfino a tanto li havesse.
Pregovi li libri li facciate dirizzare
a me, acciò io habbia a essere l'in-
ternuntio ancora di quelli, come
sono stato delle parole, *nec pereat
mihi gratia si qua est futura ex
ea re.* Piacemi assai l'opere havete
stampate in Greco, che vi bisogna
dolere delle fatiche? Una volta *tu
suscepisti hanc provinciam resti-
tuendi nobis et Graeca et Latina,
perge, non potes desistere.* A M.
Lascari mi raccomandarete vi prego
efficacissimamente, rincrescemi per
suo amore non sono costi *ut pos-
sem frui homine ut scribis mei
amantissimo. Fortasse fruemur
aliquando aliquantulum.* Natalino
secondo mi disse M. Alessandro non
ha partito nessuno, benchè lui a
me dica d'havere. Dissili da parte
vostra quello mi scrivevate, lui
mostrava di voler andare in Francia o nel Reame con non so che
gran Maestri, ma credo siano ciancie. A Phedro non ho potuto parlare
di poi hebbi la vostra, vederollo et
farò el bisogno. *Caeterum,* perchè
non posso essere più prolixo, *finem*

scribendi faciam, pregandovi mi
raccomandiate a tutti li amici. Per
l'altro vi scriverò più a longo. *Vale.*
Romae die 13 Januarii 1505.

Il Duca d'Urbino è qua. Non l'ho
potuto ancora visitare perchè è
malato, et sta continuamente nel
letto per le gotte.

Tuus S. CART.

IV.

(L. C.)

*Aldo Pio Manucio Romano bona-
rum litterarum Illustratori, Propagatori, Conservatori et Academiae Fundatori. - Venetia.*

Alde optime salve. Parmi essere
stato pure assai tempo non vi ho
scritto in modo per non intermet-
tere la nostra consuetudine, et che
io non habbia quasi che scrivere,
vi ho voluto exarare la presente.
Don Pietro nostro Candido è partito
da Firenze per venire costì a tro-
varvi, ve lo raccomando, benchè
so non bisogna, sapete quanto vi è
affetionato *et quid de te sentiat et
praedicet.* El Vescovo de Camerino

me disse già come voi li avevate
mandato a domandare un Atheneo,
perchè lo volevate stampare. Uno
mio amico n'ha uno buono et bene
scritto, tratto d'uno exemplare di
M. Demetrio a Milano. Lui me ha
detto se voi lo volete ve lo ven-
derà, el libro è quaranta quinterni
et buona lettera, el Vescovo di Camerino li darebbe dodici ducati d'oro
in danari, ma lui ne vorrebbe più,
et dandolo a voi se ne pigliarebbe
libri per quello li vendete, ma vi
vorrebbe contare il suo venti ducati. Avvisate se fa per voi, et
quello volete che li risponda. Hebbi
avviso questi giorni dal vostro ser
Andrea d'Asola circa al caso di quel
suo debitore, rescrisseli quanto haveva fatto colla donna, come io non
poteva strignerli nè fare altro che
parole. Credo che harà havuta la
lettera, perchè la dirizzai a M. Hieronimo Grimano. Per sua lettera
intesi come eravate stato male di
che hebbi dispiacere benchè il male
era stato leggiero. La stampa Greca
havete del tutto intermessa, benchè
resumetur secondo che m'avvisa
Ser Andrea. E libri della Felice Dea
credo saranno on'idea nell'animo

vostro che verrà mai *ad individua;
tu videbis*. Io non vi sono andato
più a visitarla per vergogna perchè
mi pare *dedisse ei verba*. Raccomandatemi a vostri Accademici, *et
tu cura ut valeas*. Romae die 19
aprilis 1505.

Post scripta. Ho parlato a quel
mio amico, el quale ha l'Atheneo,
et è homo dotto *graece et latine*,
et è mio compatriota, el quale quando
facesse al proposito vostro costà,
facendoli voi buona conditione, *me
hortante*, si trasferirebbe costà. Lui
è quello del quale voi già mi com-
metteste che io vedessi se voleva
venire a stare costà; istà adesso
col Castellano parente del Papa, et
ha di salario ducati quaranta d'oro
larghi; è uso a insegnare greco et
latino, sicchè sarebbe molto a proposito se voi voleste valervene in
utraque lingua, è costumatissimo
e humanissimo. Avvisate quello volete che io faccia perchè ne posso
disporre come di me medesimo.

Tuus S. CART.

V.

(L. C.).

*Aldo Pio Manucio Romano Grae-
carum Latinarumque litterarum
Illustratori Recuperatori et Conservatori. Venetia a S. Agostino.*

Alde optime salve. Ho una vostra
data li 10 del presente, pella quale
me confortate non pigli altro partito. Credo per due altre mie, oltre
alla prima vi scrissi, havete inteso,
come io sono acconcio con San Pietro ad Vincula nipote del Papa et
Vicecancelliere (1). Non ho provisione, ma per altro ho ogni commodità et ocio assai. È piaciuto così
a qualche mio amico, che io resti
qua. Io per me ero per partirmi,
et starmi questo verno con M. Bernardino Belanti in Siena, et così
gli havevo promesso partendomi
dal Grimano. Ma certi miei amici
che possono disporre di me mi hanno
ritenuto in Roma. Non posso più,
ogni modo a Venetia non voglio più
venire per stare, *habet ea urbs ne-
scio quid genii mihi adversi, ita*

(1) Galeotto Franciotti della Rovere nipote di
Giulio II.

*ut non mihi videar quidquam un-
quam in ea profecturus.* A me piace
molto la resolutione vostra collo
Imperatore, fate pure d'assettare le
cose in buona forma, et quando poi
sarete là assettato, qualche cosa
sarà. Per adesso io non posso partire. Questa state stimo venirvi a
vedere, l'offerire voi le cose vostre
è supervacaneo. Non so io *omnia
Aldi esse et mea?* Quanto al Ver-
gilio sappiate come io mi sono af-
faticato assai per trovar qualche
opuscolo corretto. El Phedro me
disse che haveva non so che cose
corrette per insino quando era putto,
et dissemi ne cercherebbe, di poi
mi ha detto non li truova. Ha bene
fatto tanto che ha havuto il co-
mento della Priapia, el quale vi harei mandato, ma dubitando, quello
che era, che non giugnerebbe a
tempo, non ve lo ho mandato et
appresso el Phedro mi dice che colui lo ha prestato, ha voluto pro-
missione di rihaverlo fra un mese,
sì che bisognarebbe voi lo riman-
daste molto presto, et più mi dicie
vi scrivessi per sua parte come lui
l'ha visto, et che è una taverna,
idest non vale niente, et io così

credo, perchè ho visto l'autore, *nihil levius neque servilius*, parlantissimo: ultimamente me dice le Phedro che tra mandarlo e rimandarlo vi costarà un ducato et non meno, tra tutte queste cose adunque non mi è paruto di mandarvelo; se pure lo vorrete avvisate del vostro animo et manderavisi. Cercherò di quelli altri opuscoli, se si troverà niente, et darovi avviso. Della venatione d'Hadriano havete credo havuto da me uno exemplo secondo dovete emendare quelli errori, li quali havete fatto bene a emendarli, il che riferirò al Cardinale che vi è molto affettionato. Pregovi ci mandiate qua qualcuno di cotesti Virgilii, maxime uno per Madonna Felice, alla quale spesso ho parlato di voi. El Phedro non è in Urbe. El Phedro è fatto preposito alla Libreria Pontificia. Per un'altra mia vi scrissi della venatione di Xenophonte come desiderarei me la faceste havere *quomodocumque*, perchè la voglio tradurre, et farne un presente al mio Padrone, *et in eam majorem hominis gratiam. Cura ut valeas, et me Academicis omnibus commenda, et praesertim Tri-*

phoni nostro. Io ho cominciato a
tradurre un poco di Luciano per
voi. Parmi fatica non tanto el tradurre quanto lo scrivere, se io havessi uno scrivesse, dittando farei
molto meglio, et assai più pure verrò
facendo a poco a poco. Ho cominciato da διαχωνησϊ-ωι e fatto quasi
mezzo el Timone. Non ho pigliato
el Nigrino perchè non me ricordai
dove lassammo. Io per ancora non
sono assettato a mio modo, però
non studio molto; *in dies* mi vo
meglio assettando, *et plus tribuam
amicis. Iterum vale*. Raccomandatemi all'Ambasciatore di Francia.

Postscripta. Io sono ito dal Cardinale Hadriano, et mostroli quella
parte della lettera vostra, il che li
fu assai grato. Ragionammo molto
di lettere, *ac multa etiam de te*.
Aspetto lo exemplare corretto per
darglielo, *nec alia occurrunt. Vale
iterum*, et scrivete spesso, *si potes*,
et dirizzate le lettere al Secretario
dell'Ambasciatore veneto. Romae
die 19 decembris 1505.

Tuus S. CART.

VI.

(L. C.)

Aldo Pio Manucio Romano bona-rum litterarum Recuperatori In-stauratori Conservatori. Venetia.

Alde optime salve. Di poi partii da Bologna in nella Marca non ho mai havuto commodità di scrivervi, et questo è stato perchè continuamente sono stato in moto, et quando qua et quando là, et per certi castelli che non v'arriva se non chi si smarrisce. Finalmente all'ottava di Pàsqua ci semo trovati in Roma. Emmi bisognato seguire el Farnese sempre, che mai mi ha voluto lasciare. Hora in Roma io ho lasciato lui, et sono ritornato col Padrone vecchio, perchè mi ha rivoluto, et mostrami un po' più carezze che l'usato, tamen non lasso che io non frequenti anco el Farnese, et riconoscalo come secondo Padrone. Del venir mio costà non ci è ordine più, se non è quando el Cardinale si partisse di Roma, come suol fare ogni state, et lassassemi in mia libertà per uno o due mesi, all'hora potrei venire che credo potria accadere. *Interim* non restate voi di seguire el proposito vostro. Io die' quelli opuscoli di Virgilio al Vescovo di Camerino, el quale per viaggio che facemmo da Bologna si partì da noi, et andossene a Fabriano a casa sua, dove lui diceva havere le sue correttioni. Di poi ritornando dal Cardinale io lo domandai se haveva portati quelli opuscoli corretti, mi disse li haveva mandati ad Urbino, dove intendeva essere alcuni buoni esemplari, donde mai in mentre stemmo là potè rihavere detti opuscoli, in modo mi parve mi desse parole, et per questo io non gli volsi dare più molestia. Da Bologna vi scrissi insieme con Don Pietro di quanto havevo parlato con molti Cardinali circa al fatto dell'Accademia. Hora secondo intendo voi non vi veniste mai. Non havete voluto tentare, vostro danno. Forse che havete l'animo altrove, cioè a Salerno, *Dum tibi omnia secundent,* pure non era male *experiri et Romae. Sed tu melius videbis omnia quam nos.* Don Pietro nostro ancor lui è fatto cortigiano, *et vivit Romae,* et ha portato seco il Nonno, et scrive continua-

mente, et di già ha scritto venti
libri. Parmi harebbe bisogno di qualche ducato, secondo intenderete da
lui. Parlai con Vangelista libraro
che fa le faccende delli heredi di
M. Piero che è debitore del socero
vostro, dissemi voleva fare obligare
la donna al resto del debito, acciò
se caso niun venisse non resti lui
solo legato, et appresso si farà anco
più per M. Andrea, che così si ri-
caveranno più presto quello resta
a dare; hora se bisogna io facci più
una cosa che un'altra, date avviso,
et dirizzate le lettere o volete a
questo Vangelista, o volete al Giun-
ta, che tutti due sono miei amici.
Io per ancora non ho parlato al Cardinale Hadriano, nè a Phedro, nè
a nessun altro amico, però per questa non vi posso avvisare niente.
*Tu quid agas, aut quid meditere,
aveo scire de Virgilio, de Prisciano, et de litteris Graecis.* Qua
so un mio amico che ha *de Pon-
deribus antiquis.* Quando voi ne
aveste bisogno, ve lo mandarebbe;
ma vorrebbe voi faceste mentione
di lui. È huomo studioso et ricco,
et elegante, et hospitale. È quello
del quale vi ragionammo Cornelio

et io quando eravamo costì. Non accade altro. Raccomandatemi a M. Andrea, allo Aleandro, *et caeteris omnibus domesticis, et Ambrosio, et Academicis* et a M. Daniele Reniero *et Paulo Canali, et caeteris.* Romae die 14 Aprilis 1507.

Tuus s. CART.

VII.

(L. C.)

Aldo Pio Manucio Graecarum Latinarum litterarum Instauratori. Venetia.

Messer Aldo salve. In questo punto essendo io a botteca di Vangelista li fu portato un mazzo di lettere, fra le quali era una vostra cedola a me, et una lettera di M. Andrea colla Procura. Risponderò *breviter* a quanto avvisate. Del libro *ad Atticum* non so chi l'habbia, bene è vero il Beroaldino mi ha detto haver corretti molti lochi ma non donde. Intenderò et darovvi avviso, et così da Phedro, et per altre vie. Li Simposiaci per tutta questa settimana saranno descritti e riveduti precise come stanno nell'exemplare, è vero sono molto fragmentati et incorretti. Io non ho voluto mutare niente etiam dove mi pareva scorrettione manifesta. Ho lasciato stare come stava Αιτιxι ϛυϛιυ. Sono anco qua, ma non so quante, nè come corrette, vedere, *et dabo operam describantur.* Li Simposiaci ho detto a Vangelista dia ordine per chi mandarli, perchè fra otto dì saranno assoluti. El Nonno s'è havuto da Don Pietro, ma non è riveduto se non in questo modo che ho visto la somma de' libri, et son tutti, et anco pel modo lui ha tenuto di far tante righe quante erano nello exemplare, non s'è potuto lassare versi, se qualche scorrettione v'è, può essere in qualche dittione, et questo si sarebbe veduto quando lui havesse voluto attendere, ma e fugge la fatica, *et conjicit culpam in me,* dicendo che questa state lo volse rivedere con meco, et che io non volsi. Holli detto in che modo si poteva rivedere questa state, che non era scritto quasi alla metà. Io m'offero adesso di voler corregerlo, non ha voluto, monstrando d'havere assai faccende, et dovere partire ogni dì per andare a Fano, che è acconcio per insegnare a un nipote del Cardinale d'Urbino. Io se non fosse stato che lui aveva in mano cinque ducati del vostro, non li harei fatto dare el resto insino a tanto che non l'havesse riveduto; pure dubitando lui non s'havesse el libro et denari saltem la metà, feci d'havere il libro. *Sed heus Alde* quando havete a fare più niente con lui *cautius agas*, perochè è huomo assai avaro, tenace, cupido, *et nihil pensi habet etiam in amicitia*, purchè faccia el fatto suo. Ha voluto una cautione da Vangelista del Plutarco li havete promesso di dare oltre a dieci ducati del Nonno. Se tu *si sapis* non lo darete che el Nonno sia rivisto. *Haec volui scripsisse* perchè voi intendiate lui fare con tutti a un medesimo modo, *etiam mecum*, al quale me ha levato su non so che libri, et non so come potermeli ritrarre. Non accade altro. Direte a Mes. Andrea che io darò ordine alla cosa sua con Vangelista, et di tutto l'avvisarò. Per adesso non li scrivo per brevità di tempo. *Cura ut valeas.* Romae die 27 Martii 1508.

S. CARTHEROMACHUS.

VIII.

(L. C.)

*Aldo Pio Manucio Romano bonarum
litterarum Propagatori Illustratori Conservatori. Ferrariae.*

Alde optime salve. Per una vostra intendo quanto è vostro desiderio d'intendere quello si ha fatto
circa la causa vostra. Sappiate a-
dunque come pochi giorni fa M. Gio.
Philippo hebbe una lettera da Roma
dal Puccio Segretario del Cardinale
di Ragona a chi si dirizzarono le
prime lettere, et circa la causa vostra scriveva in questa forma. Si
doleva essere ripreso di negligenza
in causa Aldo, la quale era restata
di non expedirsi perchè M. Sigismon-
do Secretario del Papa era stato malato insino allora. Pure adesso era
quasi guarito. Et conciosiachè il
Colotio ci sia sollecitissimo, pure
ancor io non resto sollecitarlo. *Haec
Puccius. Ex quibus ego haec col-
ligo.* Che el Colotio ha havute le
lettere vostre et che sollecita *quoad
fieri potest.* Io ho grandissima fede
in el Colotio sì pella benevolentia
verso di me, sì pella *observantia*

tui nominis, et non dubito che lui non debba fare ogni cosa *in re vestra et causa*. Hora se pare a voi che la cosa proceda in lungo, credo sia *culpa temporum*, che hanno tenuto malato el segretario et excitato novi moti, che possono facilmente distrahere *et Pontificis animum et secretarii*. Pure io spero haveremo l'intento nostro. Del sig. Alberto io non ho inteso niente, et ho ben visto qua uno de' suoi servitori, stimo si chiami M. Andrea un certo vecchietto, ma non l'ho parlato. Iatenderò e darovene avviso. Messer Gio. Filippo et M. Paolo si raccomandano a voi, *et ego quoque*. Raccomandatemi a M. nostro di Massa, a M. Gasparo, et al Leoniceno. Vale. Bononiae die 13 Julii 1510.

Tuus S. CARTHEROMACUS.

CARD. NICOLA DE GADDI

Buon numero di lettere di questo cardinale Fiorentino si comprende nella raccolta di quelle di Principi a Principi, imperocchè egli molto si versò nei negozii politici, e fervido fautore del vivere libero della sua patria potentemente si adoperò co' fuorusciti per quell' intento. Così vivendo pieno di questa speranza, stette lungamente in Francia devotissimo a Francesco I che gli donò un vescovado e lo impiegò in cose di suo servizio. Pure alla fine tornò a Firenze non libera e sotto l'ombra medicea morì di 61 anni nel 1552.

(AUTOGR. CAMPORI)

A Carlo Gualteruzzi

Mag.co M. Carlo mio car.mo. Io sapevo bene che la S. V. era piena di bontà, di gentilezza, et di cortesia, et l'havevo sempre sentito predicare per così buono amico et per così offitioso quant' altro di questi nostri tempi, et era tanto universale questo predicamento di lei che io harei reputato superfluo ogni testimonio che ci si fosse possuto

aggiungere per farmi credere di lei
più di quello che me ne pareva
sapere; ma le cortesissime sue di
XVIIJ di settembre di Lucca, le VI
d'ottobre di Bologna comparse questo dì in una medesima hora, mi
hanno fatto toccar con mano che
io non sapevo il mezzo di quello
che potevo sapere, et che hora so
delle perfette qualità sue. Restole
molto obligato della pena che ha
presa scrivendomi sì a lungo, sì
distintamente, sì elegantemente, et
ancor che Tilesio m' habbia fatti
molti servitii de' quali io mi sono
tenuto satisfatto, questo solo d' haver dato occasione che io habbia
havute queste lettere, vale appresso di me quanto tutti gli altri insieme. Hora per pigliare il possesso
delle amorevolissime offerte che la
mi fa in dette sue (che sarà in
cambio di ringratiarla) comincierò
a valermi dell' opera sua indirizzan-
do con questa una mia al R.mo
Contarino, et un' altra al R.mo Polo molto miei patroni, et pregando
la S. V. come affettionato amico di
tutti e tre noi, che le piaccia pre-
sentarle, et di più a nome mio baciar humilmente la mano ad ambe-

dua quei Signori et al R.mo Bembo in la cui bona gratia desidero sopra modo essere conservato, et so quanto V. S. vaglia in questo. Ella vedrà se sia cosa alcuna che io possa fare in suo commodo et servitio, et si renderà certa di haver pochi amici che desiderino quanto me di poterle giovare. Non voglio in ultimo non pregarla che scrivendo alla Ser.ma Sig.ra Marchesa di Pescara, sia contenta di fare le mie raccomandationi, et pregarla che faccia qualche mentione di me nelle sue sante orationi, le quali reputo così care et così accette al sommo Dio quanto altre che eschino di bocca mortale. Dio sia con la S. V. Di Lione alli XXVIIJ di ottobre 1541.

A Mons. R.mo Bembo in questi dì passati inviai una mia lettera per le mani del Tilesio, penso l'haverà ricevuta. Desidero come ho detto di sopra essere conservato ne la bona gratia di S. S. R.ma.

Vostro buon amico et fratello
IL CARD. DE GADDI

GIAMBATTISTA GUARINI

~~~

Le lettere di Gio. Battista Guarini
scritte coll'osservanza di tutte quelle
regole che l'autore esponeva prolissa-
mente e tediosamente nel suo Trattato
del Segretario, sarebbero più studiate
e più degne di essere proposte in esempio, quando alla nobiltà della forma
e alla fiorita elocuzione, si accompagnas-
sero la naturalezza e quella dissimula-
zione di ogni artifizio che rendono così
pregiate quelle del Caro, del Guidiccio-
ni e di Torquato Tasso. Un volume di
lettere del Cav. Guarini apparve la
prima volta in Venezia nel 1593 accolto con grande favore, e ne fu più volte rinnovata l'impressione. Apostolo
Zeno nella edizione da lui procurata
in Verona di tutte le opere di questo
scrittore aveva apparecchiato una co-
piosa serie di lettere inedite fornitegli
in buona parte dal Muratori; ma non
essendosi proseguita la stampa oltre il
quarto volume, l'intenzione dello Zeno
non ebbe effetto. In queste che qui vedono la luce per la prima volta si com-
prendono le varie fasi della sua vita
girovaga e fortunosa, e i vari luoghi
che vi sono segnati danno a conoscere
le diverse tappe delle sue peregrina-
zioni in servizio del suo principe o alla

ricerca di nuova servitù. Varia e pure
la materia in esse disposta, toccando-
visi dei suoi interessi, delle sue disgra-
zie, delle nozze e della tragica fine di
Anna sua figlia, del *Pastor Fido*, delle
canzonette ariose per musica e per fino
del monumento dell' Ariosto in Ferrara.

I.

(AUTOGR. CAMPORI)

*Al molto mag.co mio Sig.re et
Compadre oss.mo il S.r Guido
Cocapane dig.mo Gen.le Fattore
di S. Ecc.a a Ferrara.*

Molto Mag.co S.re mio oss.mo
Se ben V. S. si ricorda, io ho più
volte fatto instanza presso a lei et
al suo Mag.co Collega, che fosse
per le SS. VV. espedita quella tras-
mutazione di livello, ch' io pago
ogni anno al R.do M. D. Antonmaria
Furlano: si come più amplamente
alhora intesero da me, et hora in-
tenderanno dal mio sollecitatore.
Et perchè le SS. VV. non risolvet-
tero mai, essendo già venuto il termine di S. Michele, nel quale è
necessario ch' io dia l' ultima mano
a questa facenda; prego con tutto
il core la S. V. che sia contenta

di far che M. Maurelio da Turino
al quale fu commessa la cura, pigli
quelle informationi ch'a la Mag.ca
Camera sarà necessario per farla
cauta, et poi commettere che sia
declarata intorno a ciò la volontà
loro, acciò ch'io possa esseguir il
mio (s'io non m'inganno, et come
potran vedere) giustissimo proponimento; che certo ne restarò con
quell'obligo a V. S. et al Mag.co
suo Collega che si può maggiore,
et tanto più a lei, quanto che questo non è 'l primo favore che io
habbia ricevuto da lei. Et non essendo questa mia per altro, io restandole al solito servidore, le bacio le mani, et le prego da Dio
N. S. ogni felicità. Di Verona li
XX di Settembre MDLXVIII.

Di V. S. molto mag.ca

Aff.o Ser.re et Compadre
BATT. GUARINO

II.

(ARCH. COCCAPANI)

Al medesimo

Molto Ill.mo S.r mio et compare
oss.mo. S. A. manda l'Acciaiuolo

Cancelliere per le poste a Bologna
con un Corriere et senza servitore,
però V. S. sarà contenta fargli dar
il danaro che per tal viaggio le
parrà che sia necessario et quanto
prima, perchè se ne va con molta
diligenza. Et a V. S. bacio la mano.

Di V. S. M.o Ill.ma.

S.re et Compare aff.mo
B. GUARINO

III.

(L. C.)

Al medesimo

Molto Mag.co S.r et compadre
oss.mo. Voglio credere che V. S.
fin hora havrà inteso dal S.r Pigna,
ch'io sborsai li danari a Scara-
muccia M.ro delle poste di S. A.
chel vostro M. Cristoforo havea
fatto pagar al suo Agente per il
transito della sua caroccia: a che
fare fui persuaso da le parole del
S.r Bonifaccio Ambasciatore che mi
fè fede che 'l S.r Pigna gli havea
promesso di fargli far il mandato.
Hor s'io sono stato corrivo in dar
de' miei, priego V. S. a far di modo che d'un opera buona io non

sia lapidato, procurando che mi
sian pagati altrettanti; i quali se
V. S. farà dare in man del presente mio M.o di casa saran benissimo
dati. Io poi vivo con desiderio di
servirla et aspetto occasione di po-
terlo, come infinitamente obligato
a V. S. alla quale per non haver
che dirle altro, bacio la mano; pregando Dio che la faccia longamente felice. Di Torino li XXVIII d'A-
gosto MDLXX.

Di V. S. Molto Mag.ca.

Aff.mo S.re et Compadre
BATT. GUARINO

IV.

All' Ill.mo et Ecc.mo Sig.re mio
S.r et padron colend.mo il Si-
gnor Duca di Ferrara.

Ill.mo et Ecc.mo S.r mio S.re et
padron colend.mo. Questa mattina
il S.r Duca mi ha dato nuova d'un
Tremuoto così terribile fatto in
Ferrara, che son restato attonito,
pensando alle ruine di tanta importanza raccontemi da S. A. la quale
mi ha poi consolato infinitamente
che V. E. con tutta la Casa si è

salvata. Di che ne ringratio la
bontà divina: che se bene questa
sciagura è grande, con la salute
però di V. E. si può riparar ad
ogni danno, et consolar ogni me-
stizia. Supplico quanto più so et
posso V. E. a voler commettere
che sia dato minuto aviso d'ogni
particolare così d'edifici ruinati,
come persone morte: sperando in
Dio che il male possa riuscir molto
minore della fama sparsa qui per
le lettere del S.re Amb.re di S. A.
residente costì, il quale ha spedito
subito una staffetta.

Il S.r Duca mostra sentirne infinito dolore, et mi ha detto parole
grandi et per corrisponder con of-
fici esteriori ha deliberato di mandar questo gentil uomo, ancor ch'io
cercassi con termini di ceremonie
di persuaderlo che non pigliasse
questo incommodo, sinchè non si
sapesse da V. E. medesima questo
fatto. Nondimeno ha voluto preve-
nire. Il Gentiluomo che è il Collo-
nello Guido Piovena, Mastro di
Campo della Cavalleria di S. A.
fatta di nuovo, et molto amato da
S. A. et stimato in questa Corte.
Altro non ho che dire a V. E. se

non che con ogni riverenza le bacio la mano. Di Torino li XXV di Novembre MDLXX.

Di V. E. Ill.ma

Hum.o et devotiss. ser.re
BATT. GUARINO

V.

(BIBL. ESTENSE).

Al medesimo.

Ill.mo et Ecc.mo S.r mio Signore et padron colendissimo. Mando a V. Ecc.a il discorso fatto cosi con molta fretta, come transcritto, per modo che non sarà maraviglia che vi siano di molti errori nell' uno et l'altro genere: la supplico humilmente a volere accettar tutto dall'infinita mia devotione la quale non può errare, se ben forse ha errato il giudicio. Quando ella sarà tornata, et le piacerà ch'io rivegga la scrittura, mi darà l'animo di migliorarla assai: perchè questa è la prima spiegatura nata a punto come la penna l' ha portata in quelle pochissime hore che m' avanzavano per cammino. Et a V. Ecc. humilissimamente bacio la mano con pregar N. S. Dio che le conceda il desiderato fine d'ogni suo pensiero. Di Ferrara li XI di Ottobre MDLXXIII.

Di V. Ecc. Ill.ma.

Humiliss.mo et devotiss.o ser.e
BATT. GUARINO

VI.

(ARCH. ESTENSE)

Al Ser.mo Signore mio Signore et Patron Col.mo Il Sig. Duca di Ferrara.

Ser.mo Sig.re mio Sig.re e Patron Col.mo. Mando all'A. V. la Canzonetta ariosa secondo quella intentione che mi fu accennata da lei; la quale ho pensato che sia per riuscire molto più vaga colla risposta ch'ella vedrà all'incontro. L'una et l'altra dà nell'estremo, quella di troppa gelosia, questa di soverchia tenerezza per non dir viltà. Ho poi anche voluto per servire alla Musica, ch'elle s'accordino in un terzo comun concetto, che si confaccia ad ambedue. Sopra tutto è d'avertire che ciascheduna stanza va letta con la sua risposta, perciochè se si leggesse l' una canzonetta continovamente et poi l' altra, perderebbono assai della loro natia vaghezza, essendo esse state fatte con tale ordine, che l'una particella risponda all' altra et per questo le ho distinte con quelle linee che V. A. vedrà, alla quale riverentemente m' inchino, et prego da Dio suprema felicità.

Di Ferrara li 8 Novembre 1580.
Di V. A. Ser.ma

Humiliss.mo et Devotiss.mo Ser.
B. GUARINI

VII.

Al Molto Mag.co et Ecc.mo Signore il Sig. Camillo Coccapani in corte dell' Ecc.o D. Alfonso d' Este.

Molto mag.co et ecc.mo S.r mio. Virgilio dice più d' una volta: *Non mihi si linguae centum sint oraque centum* il qual concetto a me par di ricordarmi che sia d' Homero; ma perchè son qui alla mia villa senza libri et è troppo lunga la via di Padova, prego V. S. a voler fare un poco di studio per me, et trovandolo in Homero, mandarmi il luogo in una sua pollicetta che me ne farà favor singolare. Mandandola in casa del S.r Cornelio dove sarà mia moglie, et a lei raccomandandola, havrà felice ricapito. Et a V. S. bacio la mano. Dalla Guarina li 7 luglio 1584.

S.re di V. S.

BATT. GUARINO

VIII.

(BIBL. ESTENSE)

A S. A. Serenissima

Ser.mo Sig. mio Signore et padron colend.mo. Giunsi hiersera qui secondo l'ordine che V. A. mi ha fatto dare per dar effetto alle nozze dell'Anna mia figliuola. Starò attendendo quello che da lei mi sarà comandato ch'io faccia per questo effetto. Et senza più a V. A. humilmente inchinandomi bacio la

mano, et prego ogni cosa da lei
disiderata. Di Ferrara li XIII Agosto 1585 (1).

Hum.mo et devotiss.mo Ser.re

BATT. GUARINO

IX.

*Al Ser.mo Sig.re mio Sig.re et
Padron Colend.mo il S.r Duca
di Ferrara.*

Se.mo Sig.re mio Sig.re et Padron Colend.mo. Mando i quattro
atti della mia favola (2) a V. A. et
questi poco corretti per colpa di
copisti poco intendenti. Se da se
stessa gli leggerà, perdoni tutti gli
errori a chi scrisse, ma facendola
leggere ne perdoni molti altri al
lettore; che malamente potrà servirla con gusto, se non è ben prima prattico et del carattere et
molto più dell' opera stessa.

---

(1) In data così segnata nell'autografo è er-
rata dovendo leggervisi 1581, perchè appunto
nell'agosto di quest'anno furono celebrate le nozze di Anna Guarini col Co. Ercole Trotti.

(2) li Pastor Fido che fu rappresentato la prima volta in Torino nelle nozze del Duca Carlo
Emanuele di Savoja e Caterina d'Austria.

Sono poi già trascritte tutte le parti; le qnali havendole a dar fuori come ricerca la brevità del tempo, et la lunghezza di molte, et anche il bisogno che si ha di essercitarle; portano molto pericolo che non sieno copiate da quei medesimi che le havranno a recitare; et però supplico V. A. che si degni di ordinare a qual de' suoi Ministri le piacerà, non ci essendo che il S.r Imola, che faccia loro espressa commessione in nome di lei, che non debbiano nè mostrarle, nè recitarle a persona che sia: et molto meno levarne copia: che veramente non mi assicuro di darle fuori senza questo difensivo. Nè credo già che sia mente di V. A. che le fatiche mie di quattro anni vadano in mano d'altri. Et a lei con ogni rispetto m' inchino, et prego Dio che le conceda ogni desiderata prosperità. Di Ferrara li 25 di 9.bre 1584.

Di V. A. Ser.ma.

Hum.mo et devot.mo ser.re
BATT. GUARINO

X,

All' Ser.mo sig.re mio sig.re et Pa-
drone Colend.mo il Sig. Duca di
Ferrara.

Ser.mo Sig.re mio Sig.re et Padrone Colend.mo – Mi sono provato
non solo di acommodare il Dialogo
nella chiusa, secondo quella intentione che V. A. me ne diè, ma di
ridurlo ancora in tutte le parti sue
a quelle sì strette leggi che da lei
mi furono prescritte da doversi es-
seguire in un' altro. Le quali sono:
il medesimo verso quando mesto et
quando ridente replicato da tuttatre
le parti separate, et da due sole
unite, non senza occasione et proposito, et con la chiusa tutt' allegra et ridente, che darà molta materia al musico d' impiegarci bene
l' opera et arte sua. Et vedrà anche l' A. V. ch' io fo cantare ciascheduno accoppiato: in modo, che
non ne resta alcuno che non si pruo-
vi con l' altro. Se io non mi sarò
ben apposto servirà per essemplare
et modello degli altri, se anche non
giovarà tuttavia per apparare quel-

lo che dovrà farsi da quello che non s'è fatto. Et a V. A. humilmente m'inchino, et prego ogni desiderata essaltationẹ et prosperità. Di Ferrara li 28 Novembre 1584.

Di V. A. Ser.ma.

Humilissimo et Devotissimo serv.re
B. GUARINO

XI.

(BIB. ESTENSE)

Al medesimo.

Ser.mo Sig.re et Padron Colend.mo – Se bene sono alquanti dì che fu finita di trascrivere la pastorale, nientedimeno perchè si andava dicendo del ritorno di V. A, l'ho trattenuta: ma vedendo che tarda non ho voluto più differire a mandargliela, che sarà quanto mi occorre con ln presente, facendo humilmente riverenza a V. A. alla quale prego da N. S. Dio ogni prosperità. Di Ferrara li 6 di Gennaio 1585.

Di V. A. Ser.ma

Humil.o et devotiss.o ser.re
BATT. GUARINO

XII.

(ARCH. COCCAPANI)

Al Molto Ill.re S.r mio et compare
oss.mo il S.r Fattor Coccapane

Molto Ill.re Sig. mio et compare
oss.mo - Alessandro mio figliuolo
esibitore della presente ha ordine da
me di visitar a mio nome V. S. et
di ridurle in memoria l' antico mio
desiderio et debbito di servirla. Pre-
gherallo eziandio caldamente d' una
grazia che io desidero d' ottenere
per mezzo suo, in virtù di quel cortese amore che ha mostrato verso di
me sempre, et verso tutte le cose mie,
tanto più essendo cosa per quanto
io mi ricordo altre volte conceduta
a chi per avvenfura non è tanto
servitore a V. S. quanto son io.
Sarà ella dunque contenta di vederlo et ascoltarlo volontieri, pre-
stando alla viva voce di lui la medesima fede che farebbe a me stesso, ch' io glie n' havrò singolarissimo obligo, Che sarà il fine col baciarle la mano, et pregarle ogni desiderata felicità. Dalla Guarina li 20
di Luglio 1589.

Di V. S. Molto Ill.re

Aff.mo Ser.re et Compare
B. GUARINI

XIII.

(L C.)

Al medesimo

Molto Ill.re mio S.re et Compare oss.mo – V. S. mi ha fatti tre gran servigi in un solo, levate quelle mie robe di pericolo, acccomodatomi del denaro, et fattolo volontieri. Di che io si come non havrei saputo disiderar più, così non havea tanto nè richiesto, nè meritato. Sarà mio debito di serbarne memoria al pari della mia vïta et dove l'occasione mi si offrirà far in modo che conosca di haver fatto servitio a persona che non è ingrata. Procurerò che il denaro sia in essere quanto prima per dovernela rimborsare. Il che spero che debba essere innanzi che vada fuori il carnevale, non potendo indugiar molto più l'Emiliani già affittuale delle possessioni di mia nuora a sborsarmi trecento scudi. Intanto prego V. S. a perdonarmi dell'incomodo. Et le bacio la mano con augurarle ogni felicità. Di Padova li 8 di Feb. 1590.

Di V. S. Molto Ill.re

Aff.mo Ser.re et Compare aff.mo
B. GUARINI

XIV.

(L. C.)

Al medesimo

Molto Ill.re S.r mio et compare aff.mo - Intendo che quell'infametto del Romeo già dignissimo capo dei birri, ha messo in camara un suo pretenso credito con la heredità di mia nuora, nè mi meraviglio che faccia questo a me il quale mentre fui segretario l'ho favorito, consigliato, sostenuto più che non meritò, essendo proprio di pari suoi l'ingratitudine; ma mi pare bene molto strano che si habbia a lui solo credere che non ha niun honore nè niuna fede, et mettere in camara al solo detto di lui un debito non provato, che provarlo egli non può. Sappia V. S. che questa è una furberia, perocchè quando per servitio di detta mia nuora furono mandati fuori li birri, egli fu quello che li mandò, et io il quale ogni hora l'haveva co' suoi memoriali all'orecchio, et con le sue querele, gli addimandai quello che mi doveva costare quest'andata di birri,

non essendo io punto informato delle sue ladrerie; mi rispose che niente altro che certe poche spese per
li detti birri, che non arrivavano
a 4 o 6 scudi, ond' io lasciai che
andassero, che s' egli mi havesse
detto quello che hora dice, non l'havrei fatto. Or che sia vero, nè allora, nè da poi mentre sono stato
in Ferrara, il ghiotto me n' ha parlato mai, nè mai sentitone cosa alcuna. Hora io dico che non so quello
ch' egli si dica, et che meco si è
accontato di non dover domandar-
mi nè pretendere per quel fatto cosa
niuna, et però esso è il debitore
non io; così mi ha promesso, et così
siam rimasti d' accordo. Prego V. S.
a non voler lasciarmi far torto; perchè in verità la cosa stà così; et
perciò non debbo io sotto la promessa et la parola sua haver permesso che vadano i birri, et poi
volermi per debitore. Veggasi prima se il credito è chiaro et poi
mettasi in Camara, et s' egli dice
che altramente sia, di quel ch' io
dico, mente come un infame, et da
quel ch' è passato V. S. può ben
congetturare che così sia, oltre che
non mi pare che la mia fede si deb-

ba mettere a paragone di quella
d'uno svergognato com'egli è. S.r
Compar mio S.re io la prego di nuovo a voler prendere la mia protezione contra costui ch'io glie n'havrò obligo singolare. Et col fine le
bacio la mano et prego ogni contento. Di Padova li 16 di Feb. 1590.

Di V. S. Molto Ill.re

Aff. Ser.re et obb.mo Compare
B. GUARINI

XV.

(L. C.)

Al medesimo

Molto Ill.re Sig.re et Compare
obb.mo – Ho inteso dalle lettere di
M. Niccolo Zarlato quello che V. S.
m'accenna con le sue ultime, ciò è
di havere sborsato a quel ghiotto
di Fanetto i denari per lo riscatto
del mio collaro, che in verità è stato
un servltio tanto importante ch'io
non ho parole che bastino a ren-
derlene le dovute grazie. V. S. mi
farà favore di significarmi tutto
quello che importano li due sborsi
da lei fatti a mio prò, acciochè quan-

to più tosto io possa provvedere del denaro per soddisfarnela. Intanto sappia di haver contratto meco un debito d' amore et di cortesia, che non si può pagar con tutto l' oro del mondo; sì oome sempre mi sforzerò di far con tutte le forze mie ch' ella conosca in me prontissima volontà di servirla, poichè nel resto non mi lascia la mia fortuna offerir quello che sarebbe più convenevole testimonió dei mio gran debbito. Bacio la mano a V. S. et le prego ogni felicità da N. S. Dio. Di Vinegia li 27 di Feb. 1590.

Di V. S. Molto Ill.re

Aff.mo Ser.re et Compare obb.mo
B. GUARINI

XVI.

(ARCH. ESTENSE)

All' Ill.mo et Ecc.mo S.r et P.ron mio Oss.mo il S.r D. Cesare d'Este.

Ill.mo et Ecc.mo S.re et Padron mio Oss.mo. — Ancorachè Alessandro mio figliuolo habbia ordine da me di render immortali grazie a V. E.za Ill.ma del pensiero che l' è caduto nell' animo di favorire si altamente la rappresentazione del mio Pastorfido, ho nondimeno giudicato mio debbito di fare il medesimo anch' io con queste poche righe, ancorachè nè con queste, nè con quante parole io sapessi mai dire, nè con quant' opere io sapessi mai fare, conosco di non poter esprimere a pieno l' obligo mio. La medesima gentilezza di V. E.za Ill.ma la qual si è mossa a procurarmi tanto honore et favore, sia anche quella che s' appaghi della mia pronta et divota intenzione, accompagnata con un mio antichissimo disiderio di servirla, che in me si va rinovando tanto maggiore, quanto ella ogni dì più va rinovando in

me le sue grazie. Bacio le mani di V. E. Ill.ma alla quale prego ogni felicità.

Di Pad.a li 22 di marzo 1590.

Di V. Ecc.a Ill.ma

Humilissimo Servitore

B. GUARINI.

XVII.

(L. C.)

All' Ecc.mo et Hon.mo il Sr Antonio Riccobuono a Vinegia.

Ecc.mo S.r Hon.mo. — Qui s'è sparsa una voce, ch'io cerco la lettura delle Morali. Et ancora che questo non possa esser credibile appresso di coloro, che mi conoscono, et senza passione giudican delle cose; nondimeno perchè i maligni non facciano i contrapunti, ne ho voluto avvisare V. S. pregandola, che truovi occasione di difendere l'honor mio. I capi della difesa son questi quantunque notissimi a lei.

Io che nel corso di 25 anni servendo il mio Prencipe, ho fatto tante et tanto honorate legazioni.

Io che non solo ho nella mia patria esercitate, ma volontariamente rinunziato le più nobili dignità, per non patire indignità.

Io che sono stato e sarei attualmente riformatore dello studio in Torino, se chi può più di me non me vi havesse tolto il possesso.

Io finalmente che per la grazia di Dio mi trovo havere in casa tre

milla scudi di entrata, domanderò,
tenterò, penserò, sognerò d'havere
lettura straordinaria, se anche fosse
in Athene? Bisognerà, che prima
divenga pazzo da incatenare, et mi
scorda d' essere quel che sono. S.
Ant.o mio V. S. habbia, com' hebbe
sempre raccomandato il mio honore
et la mia riputazione, et le bacio
le mani.

Di Padova li 4 gen.o 1591.

Di V. S. Ecc.ma

Umilissimo Servitore

B. GUARINI.

XXIII.

(ARCHIVIO COCCAPANI)

A M. Guido Coccapani

Molto Ill.re S.re et Compare oss.mo
- L'esibitore della presente ha ordine da me di salutare a mio nome
V. S. et di darle conto di me et
delle cose mie, non perch'io creda
ch'ella non ne sia informatissima,
ma per mostrar la stima che ragionevolmente io fo di lei et del
cortese amore che si compiace por-
tarmi. So certo ch'egli farà l'uffi-

cio più efficacemente, ch' egli saprà, con tutto ciò non giungerebbe al segno del pesiderio et debbito mio se fosse Cicerone, o Demostene. Prego V. S. che voglia vederlo et ascoltarlo ben volontieri per amor mio, prestandoli quella medesima fede che farebbe a me stesso, ch' io gliene resterò con molto obbligo. Intanto vivo secondo il mio solito suo aff.mo et obb.mo ser.re et attendo i suoi da me desideratissimi comandamenti: che sarà il fine con baciarle la mano et pregarle ogni bene. Di Mantova li 22 di Ag.to 1593.

Di V. S. M. Ill.re

S.re et Compare di tutto cuore
B. GUARINO

XX.

(L. C.)

Al medesimo

M. Ill.re Sig.re – Io venni a Roma per allogare si come ho fatto un mio figliuolo nel seminario de'P.ri Gesuiti: luogo ottenuto da me con molto favore, perchè si suol penare gli anni interi. Mi fermerò qui fin

a Pasca, perchè la stanza mi piace
assai, et ci sono ben veduto et honorato da tutti et in particolare da
S.ri Nepoti di S. S.tà Cardinali. Ho
voluto darne parte a V. S. perch'essa
sappia dov' io mi trovo, acciochè
possa favorirmi de' suoi comandamenti; si come ne la prego di tutto
cuore. Premetto a V. S. ch' io non
vissi mai sì contento come hora
sono: havendo scaricato tutte le
some che mi davano affanno, et vivendo in una gran città come questa dove ho conversazione secondo
il mio gusto, et si vede, et si pratica ogni dì cose grandi. Bacio la
mano a V. S. et le prego felicità.
Di Roma li 10 di Xbre 1593.

Di V. S. Molto Ill.re

Aff.mo ser.re et Compare

B. GUARINO

XX. (1)

(AUTOGR. CAMPORI)

Agli Ill.mi SS.ri et pron. miei S.ri il Sig.r Cav.re Fra Giovanni et Enzio Bentivogli etc.

Ill.mi SS.ri miei pron. oss.mi - Le SS. VV. Ill.me vedranno quel ch' io scrivo delle cose loro alla S.ra Marchesa et però con la presente non starò a replicare il medesimo riportandomi a quello, che ne vedranno. Vedranno ancora quel che io scrivo in materia di quel ribaldo di Girolamo indegno mio figliuolo contro il quale per honor del mio sangue et mio, intendo di procedere come complice scelerato della morte della mia innocente figliuola, la quale se non fosse stata così strettamente congiunta di sangue con le SS. V.re Ill.me spererei che solo per amor mio che le son servitore et per conservar l' onor della mia casa volentieri si adoprerebbono a

(1) Questa lettera é scritta nell' impeto del dolore e dello sdegno per la perdita della figlia dell'autore, uccisa dal marito coll' assistenza di Girolamo fratello di essa. La narrazione di quel tragico avvenimento fu data da noi nella *Nuova Antologia* (Ottobre 1869).

favor mio. Tanto più lo debbo sperare, trattandosi di conservar la fama di una che fu sua prima cugina, contra un malvagio et diabolico fratello che l'ha uccisa, et trama di uccider l'onore di casa sua. Et però Sig.ri io vi prego e scongiuro per quanto v'è caro l'onor mio et la molta osservanza ch'io porto et porterò sempre alla sua Ill.ma casa, che non mi vogliano mancare della loro protezione, con la qual sola io spero di portar il negotio al fine desiderato.

Non dirò più parole, poichè mi pare di far torto alla virtù loro mostrando con preghiere più affettate di dubitarne. Io sò ch'elle m'amano, et io non ho confidenza in persona dei mondo più che nella loro protezione, spero anche nella loro bontà che saranno prontissime al mio soccorso. Et col fine bacio loro le mani, et prego ogni desiderato contento. Di Finale li 3 di Xbre 1599.

Delle SS. VV. Ill.me

Aff.mo Ser.re et Zio
B. GUARINI

XXI.

(L. C.)

All'Illmo S.r mio P. sempre oss.mo il Sig. Cav. Gio. Bentivogli.

Ill.mo S.r mio S.re oss.mo – Ho intesa con mio grandissimo dolore prima la morte, che la malattia dell'Ill.ma S.ra Lucrezia sorella di V. S. Ill.ma et benchè io non habbia nè da lei, nè da altri di sua casa alcun avviso di questo, honne nondimeno confronti tali da molte parti, che io mi sono assicurato di poterne passare con essolei questo amarissimo ma molto debbito ufficio. Il quale so che sarà da lei ricevuto per un sincero affetto di condoglianza conveniente ai tanti rispetti, et di sangue, et d'osservanza, et d'amore, senza ch'io m'affatichi molto a certificarnela con parole. Così piacesse a Dio ch'io potessi recare a lei, et alla S.ra Marchesa quella consolazione che ricerca una perdita tanto grave: ch'io 'l farei col sangue non che coll'inchiostro. Ma poichè la vera consolazione vien da colui che solo è

padrone et della vita e della morte,
habbiamo tutti da pregare S. Divina M.tà che si degni di conceder-
ne quella, che più le piace, poichè
dalla sua santa mano che ci go-
verna con invisibile providenza non
può venire se non cosa buona, et
salutare all' anima nostra.

Et perchè queste sono piaghe, che
quanto più si maneggiano tanto più
dolgono, farò fine, con pregare V.S.
Ill.ma a far questo medesimo ufficio di condoglianza con la S.ra Marchesa sua madre, et mia s.ra alla
quale et a lei col maggior affetto
ch' io posso bacio la mano et prego molta consolazione. Di Padova
li 6 di Maggio 1602.

Di V.S. Ill.ma

Aff.mo Ser. re et Zio

B. GUARINI

XXII.

(L. C.)

Al Molto Ill.re S.r mio oss.mo il S.r Ludovico Ariosti - Ferrara (1).

Molto Ill're S.r mio oss.mo – L'avviso che V. S. si è compiaciuta di darmi del felice progresso che fa l'opera sua nobilissima del deposito, mi è stato carissimo per tutti quei rispetti ch'a lei sono più noti di quello che bisogni con mie parole significargli. Quanto al dubbio ch'ella mi promuove pur anche con la sua nuovamente, io non so che mi dire più di quello che scrissi già a Guarin mio figliuolo che me ne diè il primo motto. Proposi il dubbio nell'Accademia nostra Romana fornita di scelti ingegni, et non contento di questo il conferii con li due padri Steffonio et Famiani et tutti di comune consenso affermarono che l'aggiunta dell'Epitafio

(1) Questa lettera versa su lo stesso argomento delle tre pubblicate in Ferrara nel 1845 per occasione di nozze. Il deposito di cui qui si discorre, è il monumento eretto al grande Ariosto dal suo pronipote omonimo.

stava ottimamnte in modo che non saprei che far più. Hieri il detto P.re Steffonio mi disse che il S.re Ariosto gli haveva mandati altri epitaffi, e in versi e in prosa et hebbi carissimo che questo buon padre che tanto vale della lingua latina sciegliesse il meglio di tutti, non havendo io altro fine che di honorare l'ossa di quel grand'huomo. Mi disse ancora che risponderebbe, et ne direbbe il suo parere. Hor vede V. S. che il meglio è ridotto in mano di un valentuomo. Et però faccia ella del mio quel che le piace, et ponga o tutto, o parte, o lievilo, tutto mi sarà caro perch'io so che tutto tenderà a un fin comune di far cosa che sia degna di si onorato deposito. Non voglio restar di dire che gli esempi proposti da quegli oppositori non fanno punto a proposito, perciochè Virgilio fu un poveraccio d'una villa del Mantovano, et non solo non hebbe mai honori ma non fu nè anche atto d'havergli. Il Petrarca altresi fu quasi sempre esule della patria, et vagabondo, et menò sempre vita o privata o servile. Torno a dire al S.r Ludovico ch'io

mi rimetto in tutto et per tutto a
lei, alla quale bacio per fin la mano
et prego molta felicità. Di Roma
l'ultimo di Febraio 1612.

Mi scordava di dirle che il pensiero, dell' orazione non mi spiace-
rebbe quend' ella si facesse nell' an-
niversario della morte della persona lodata. Altrimenti mi parrebbe
affettazione. Me ne rimetto.

Di V. S. Molto Ill.re

S.r aff.mo
B. GUARINI

STEFANO GUAZZO

~~~~

(AUTOGR. CAMPORI)

Questa lettera ceremoniosa e studiata è opera di uno di que letterati che facevano particolare studio dell' arte epistolare, e ne davano pubblico saggio per le stampe. Il Guazzo fu altresì dottore, poeta, autore di un lodato trattato della Civil Conversazione tradotto in francese e in spagnolo e promotore di un' accademia nella sua nativa città di Casale ch'egli abbandonò negli ultimi anni della sua vita per trasferirsi a Pavia, dove morì di 63 anni nel 1593.

All' Ill.mo et Ecc.mo Prencipe mio Sig. et Pad. osser.mo il Sig. Cesare Gonzaga.

Ill.mo et. Ecc.mo sig. et P.ron oss.mo. — S' egli è il vero, che non mai, o ben di rado alberghino giustamente in noi la prudenza et la fortuna, quanta gloria et quanta special gratia è quella di V. Ecc. poichè il mondo resta hormai in dubbio quai nome prima le si debba qua giù o più compiuto segno del amor suo, che dopo tanti beni ch' ella possiede, porle avanti la disiderata vista di questo caro figliuolo et dolce Prencipe, che hora le è nato, nel quale come in chiarissimo specchio ella potrà rimirare tutte le sue gratie. Ma la principal cagione, che mi muove a stimar V. Ecc. felicissima è il sapere ch' essa giudiciosamente conosce la felicità sua, et umilmente dalls divina bontà la riconosce. Hor perchè me ne rallegro con lei più di cuore, et più ne godo in me stesso, che non so con parole esprimere, mi risolvo di non far più lunga lettera, ma di starmene a vedere et pregare con l' affetto di vero servitore che quella liberal mano d' onde sono usciti questi doni si stenda anco a mantenerne V. Ecc. in lungo possesso et farla contenta d' ogni altro suo desiderio. Et qui me le inchino humilmente

Di Casale il 29 di Luglio 1563.

Di V. Ecc.

Dev.mo Serv.re.

ST.NO GUAZZO

IACOPO GUICCIARDINI

~~~

(L. C.)

Non altro sappiamo di costui se non che fu ammesso nell' Ordine Gerosolomitano nel 1583 e che morì del 1599. Queste quattro lettere scritte nella lingua parlata dai fiorentini di quel tempo sono da tenersi in pregio; la seconda in particolar modo per il brio della narrazione.

Al Molto Mag.co et hon,do fratello m. Giovanni di Lod.co Ridolfi in Roma.

Molto Mag.co fratello oss.mo — Sabato passato fu mia ultima, di poi non ho vostra, che me ne maraviglio, harò caro intendere da quel che è nato; ho ben visto una vostra lettera che scrivevi a vostra madre, per la qualo veddi il vostro bene stare raffermato da Iacopo vostro servitore, della qual cosa ho sentito piacere infinito. Io sto benissimo insieme con tutti li amici, de' quali vi darò per questa ragguaglio. La prima cosa, m. France-

sco Rucellai sta benissimo, et se
n' andò in villa due o tre giorni
sono, non so come si possa havere
lasciato la sua Maddalena, pure si
potrebbe in su questi dì santi essere un poco convertito per gli avvertimenti d'Agnolo Strozzi, il quale
è ito duo giorni seco a spasso et
non si può più seco, et mi domandava che pratiche erano le sue, una
sera in sul ponte a solo a solo: io
gli diceva quel ch'io ne sapevo
per farlo un poco arrabbiare, et mi
credeva qualche poco, perchè m'haveva visto seco molte volte, et vi
so dire non gli pareva giuoco, et
mi domandava se facilmente se ne
sarebbe spiccato: io gli dicevo di
no, tanto che gl'arrabbiava dav-
vero. Cecchino ci sarà fra tre o
quattro giorni. Girolamo poverone,
rinega il mondo che è sfilato morto,
et non vuol fare quello gli dico, ciò
è che rivedessi qualche volta L.
M. L. et dessi su se volessi guarire
perchè da poi che voi vi partisti
è stato sempre vergine e puro, et
ha preso una via da non guarire
mai: attende a passare il tempo in
queste chiese et di quel si pasce
come Palla il quale ha mutato et

tolto la Contessina d'Argo et dà
in niente.

Il nostro m. Giovanni è diventato
sì diabolico che non è possibile reg-
gere seco, tanto che fil filo ne fac-
ciamo lui et io una mano. Gli è innamorato della madre di L. M. L.
et evvi stato in casa sua una volta
sola ch'io vi andai a dormire, et
mi stimola ch'io gli porti i polli
del che non ne fo altro. Questa settimana santa in cambio di venire
la sera alle compagnie, egli andava
in sulla piazza di Santo Spirito a
rubare i sassi a' frati per murare,
chè rassetta la sua casina, et non
lo vuol confessare, pure un tratto
vi fu chiappato et non lo può negare, sì che vedete come gli è fatto.
Il nostro Scalo è diventato maggiore baccellaccio del mondo tanto
ch'io gli ho levato le mani da dosso.
El C. da santa Trinita ha tanto
pianto la vostra partita che non lo
stimeresti et a un quattrino v'è
stato per venire dreto, tanto ch'io
v'andai un tratto e tutto lo ricon-
solai et gli avviai il Rossino de'
Buondelmonti con una gran fatica:
vedete se gli è spacciato haver
perso duo buoni amici, cioè voi e

'l Cav. et non ne volere uno come quello il più garbatino del mondo, il quale è tutto mio. Io per questo non vi dirò altro se non che vi ricordiate che voi havete quaggiù uno che desidera farvi cosa grata, sì che non mi rasparmiate in cosa alcuna che mi faresti dispiacere, et quanto posso mi vi offero et raccomando. Dio vi conservi sano.

Di Firenze il di 13 di aprile 76.

Vostro fratello aff.to
IAC. GUICC.

II.

(L. C.)

Al medesimo.

Molto mag.co fratello hon.do. Ho la gratissima vostra dell'ultimo passato per la quale mi replicate non havere havute mie, che ho ritrovato da quel che è accaduto, da vostra madre, la quale mi dice che quando io gli mandava le lettere in villa era tanto tardi che sempre era fatto il mazzo, ma che le mandava in ogni modo al banco che le mandassino, ma pure havendo fatto il mazzo è facil cosa non le mandas-

sino altrimenti: se non è nato da
questo, io non so come la cosa si
vadia.

L'ultima harete hauta da m. Gio.
Francesco vostro cugino, che doverà
esser venuta salva, per la quale non
vi scrivo a lungo, supplirò per questa. Il nostro m. Giovanni Carucci
dopo infinite preghiere si risolvè di
venire le feste passate in villa d'Hyppolito con Vico Mannelli et meco,
et se ne risolvè a 2 hore di notte,
che la mattina seguente dovevano
ire via, havendo io insieme con
Pierfrancesco Maccalli a pregare
suo padre che lo lasciasse venire,
che prima mai Giovanni se n'era
risoluto, dicendo che era caldo, et
piovendo poi, che gli doleva il capo,
tanto che all'ultimo e' se ne risolvè,
et bisognò trovargli cavalli et arme. La mattina noi ci levammo et
lui dormì in casa nostra, et penò
tanto a vestirsi che noi havemo a
stare senza messa. Vestito che fu
cavalcammo via, et non andammo
per la diritta, ma arrivammo a
Moriano, che tirando un po' di
vento vi era un pazzo freddo, sì
che dicendo noi a Giovanni che
l'era alpe se lo credette facilmente:

guardate se la somiglia. Giunti che
fummo al Ponte a Rignano desi-
namo, et alquanto poi dimorati
camminamo alla volta di Borbuio,
et vedendo Giovanni tanti fiumi et
fossati cominciò di tutti a diman-
dare, et volergli tenere a mente,
a tale che avvistici noi della giac-
chera cominciamo a dirgli diversi
nomi da quel che erano, et poi
giunti ad Arno non lo cognobbe,
et ne domandò, et noi gli dicemo
un altro nome : trovollo la seconda
et la terza volta, et la cosa andò
nel medesimo modo : alla quarta
volta che lo trovamo gli dicemo
Arno, et lui si credeva che la prima
volta che lo trovammo fussino tre
altri fiumi : et così li contava spesso
spesso per non li dimenticare. Quando fummo a Figline dice Giovanni:
in sino a hora io non ho mai hauto
sete di vedere il mondo, hora che
comincio un poco a bere mi comincia a venire voglia d'andare per il
mondo, che gli pareva vedere qual
cosa. Arrivati che fummo a Borbuio,
disegnamo di fare Re Giovanni: et
lui pensate se l'hebbe caro, volendo
noi fare una bella festa : et il lunedì poi che la festa doveva essere

l'altro giorno, noi facemmo la corona
et lo scetro reale, Vico Mannelli et
io, et lui intanto si provò i panni,
i quali per l'allegrezza non si volse
cavare, et a quel modo stette sino
alla sera. Noi eramo stati la mattina alla messa a San Giovanni, et
nell' entrare in chiesa Mencaccio
con la corda dell' arcobuso appiccò
fuoco a una manica a Giovanni
che non era ancor re, et lui non
se n' avvedde se non quando si
sentì cuocere il braccio, et poi non
lo poteva spegnere, et bisognò andare in sagrestia, et spegnerlo con
l'acqua. Torniamo a proposito: la
sera si distribuì gli uffici fra noi
per il giorno seguente, Vico cop-
piere, Hyppolito maestro di casa,
et io furiere per la mattina, et per
il dì poi, dopo magnare, Vico si ritenne il suo, Hyppolito fu scalco,
et io trinciante. Ordinammo la guardia per sua maestà, et scegliemmo
parecchi giovani più garbati et meglio vestiti et facemmo dodici arco-
busieri et dodici alabardieri, due
paggi, quel di Vico e 'l mio gli
portavano inanzi la spada ignuda
et la mazza ferrata, et Giuliano et
Cecchino et un altro erano suoi

staffieri, et uno sempre teneva la briglia al.cavallo acciò che e' non cadesse. La mattina io mi levai, et chiamai ognuno, et montai in sul mio cavallo, e cominciai a ire subito in qua et in là a ordinare, poi venne l'hora della messa, et S. Maestà corona volse andare a udirla, et montò a cavallo con la sua guardia, et con corte di San Giovannesi, Figlinei e Ancisani dove trovammo un bel parato che havevo fatto acconciare a ser Antonio. Udita la messa poi ne tornò a casa, et poco stette a desinare, che quando arrivò trovò in ordine ogni cosa. A mezzo desinare vennero certi lan.ci che furono lasciati passare dalla guardia che il re non harebbe voluto, et lui come lo seppe subito la dette nella stalla che era ivi vicina e dove e' mangiava cosa non troppo degna d'un re. Subito si riparò allo scandolo, mandando quella gente altrove, et sua sacra corona tornò a desinare servito da noi altri. Finito che ebbe si riposò un poco, et poi subito si dette principio a ballare dove era parato con un baldacchino in un luogo rialto per il re il quale sedeva in su n'una

seggiola di velluto, et poi tutta co-
perta insino a piedi di velluto rosso
che del medesimo colore era vestito
sua sacra corona, con la corona di
foglie tinta di zafferano et con lo
scettro in mano del medesimo colore, perchè voleva cose leggiere.
Quando e' fu alquanto stato nel
trono di S. M. che così chiamavano
quel luogo, venne un ambasciatore
a presentarlo accompagnato da qella
comitiva, il quale gettatosi ginoc-
chione insieme con i suoi gli pre-
sentorno ma non so che, et tutti
gli bagiorno i ginocchi: il re con
poche parole gli spedi, et si se-
guitò il ballare. Vico, Hyppolito et
io stavamo sempre quivi lesti quando e' voleva nulla, che bene spesso
voleva o bere o lavarsi le mani
per rinfrescarsi, perchè secondo me
pativa gran caldo, et stava a un
gran disagio. Venne poi che sendo
stato S. S. Corona forse sei hore a
sedere gli venne voglia, per contare ogni cosa, di orinare, et disse
a Hyppolito, noi vorremmo andare
di là. Hyppolito disse, vostra S. corona guasterà la festa: così repli-
camo Vico et io, et lui lo disse
un'altra volta, et noi pure soggiu-

gnevamo non essere bene, tanto
che alla fine e' ci disse alla libera:
nói la farem qui. Subito noi lo la-
sciamo ire et l' accompagnammo
pochi perchè usci dall'uscio segreto,
poi ritornò a sedere, et stettevi
altre quattr'ore, et si scontorceva
un buon dato, che si vedeva che
stava a un gran disagio, pure ne
venne l'hora di cena, et sua S. corona si partì dal trono et se ne
andò a tavola dove era bellissimo
apparecchio. Lui stava in testa di
tavola et da dua braccia in giù
erano infinite belle fanciulle, le quali
seco mangiavano. Il giorno fece S.
M. pochissime parole, et così la sera
a tavola, se non che mentre che io
gli trinciavo ei vede un buon boc-
cone del quale io gli havevo dato
un poco, et al secondo servito che
Hyppolito che era scalco voleva fare
levare il primo servito, quando e'
fu a quel piatto egli accennò con
la mano et disse un po' di cotesto
vogliamo; che non haveva mai detto
nulla tanto che ci fece un po' ri-
dere; pure poi alla fine ei si levò
da tavola, et eravi tanta gente a
vederlo mangiare che S. Maestà non
poteva quasi andarsene in camera.

Come fu ito in camera noi cominciammo a cenare coi suoi cortigiani: et perchè era poi spirato il tempo del re, lo chiamammo Giovanni, et lui comparse con l'abito reale, et come fu al nostro conspetto subito stracciò la corona, et insieme con lo scettro la gettò in sul fuoco che se ne faceva infiniti in sul prato per allegrezza del figliuolo maschio (1); et quivi in sul prato era ancora una fonte di vino che gettò tutto il giorno et tutta notte, tanto che ne era briachi parecchi di quei contadini, et così finì la giornata del re, per tutte le mura di Borbuio scritto in lettere di zafferano giallo. La mattina seguente poi ce ne andammo a desinare al Pian della fonte: dopo desinare subito cavalcammo inverso Firenze, et camminato poche miglia restammo a dreto Giovanni et io a fare un servitio, sì che e' ci erano passati inanzi un miglio o dua. Al rimontare io fui il primo, et quando e' volse rimontare in sul suo vetturino, egli non l'aspettò altrimenti, et fecelo andare a piedi,

(1) Cioè il figlio nato al Granduca Francesco I.

tanto ch'io hebbi misericordia di
lui che era un caldo che si moriva:
io gli fermai il cavallo, et lui vi ri-
montò su: et prima rimontovvi parve
la fortuna mandasse un fiume a
Giovannf che si moriva di caldo; il
buon cavallo come vi fu drento vi
si gettò a diacere sottosopra lui e
Giovanni; sì che pensate voi come
il poveraccio si conciò. Io credetti
che si morisse dalla paura, che era
diventato bianco et haveva abban-
donato il cavallo et ferraiuolo et la
carniera, et noi gli dicemmo: Giovanni voi lasciate le cose. E ci rispose: io penso a me hora, canchero
alla roba: pure egli tornò per il
cavallo et per le sue cose che
grondavano et erano piene di mota,
et lui non si riconosceva; et così
bisognò che andasse insino a Firenze. Io vi dico che in questa gita
noi habbiamo hauto a scoppiare
dalle risa et è durata questa festa
et dura ancora, et per ognuno da
Firenze è conosciuto per il re, et
ognuno lo chiama il re. Il povero
huomo gira al certo se Dio non
l'aiuta che è messo in favola da
tutta Firenze. Non vi meravigliate
adunque se non vi ha scritto. Nè

altro, a voi mi raccomando. Di Firenze il dì 8 di giugno 1577.

Vostro fratello

JAC. GUICC.

III.

(L. C.)

Al Medesimo

Molto mag.co et hon.do fratello oss.mo — Io la passata settimana nel razzolare un letto Giovannino Caruccl et io trovammo la lettera che voi un mese fa m' havevi scritta, et mai possetti trovare chi in quel luogo messa l' havesse, et cosi subito feci il tardo servitio della inclusa per M. Vincenzio, che di già l' havevo fatta persa, et non ve lo avvisai sabato per essere occupato in molti negotii, sl che a scusarmi vi prego, se bene non meriterei scusa essendo cosi tardo a far servitio di quello che non m' è briga alcuna, ma crediatemi certo ch' io non ci ho veramente colpa. Trovomi di poi la vostra de 27 del passato molto più grata dell' altra, che tutfe gratissime mi sono, vedendo per quella la grandissima vostra amorevolezza in verso di me per vostra gratia et mera cortesia, che son tenuto ad havervene perpetuo obbligo senza cerimonia alcuna. Io hebbi più caro che si eseguisse il vostro desiderio che d'havere il cane, et ho caro l'abbia Giampiero che so sarà sempre vostro, et io ho il suo successore che non credo habbia ad essere manco buono ch'il suo padre sia stato, et ha già a solo a solo ammazzato due o tre lepre et corso sempre benissimo, et io ve lo serbo per quando verrete qua, che mi date speranza che habbia ad essere presto che a Dio piaccia, che non credo vi habbiate quel contento che haresti qua con i vostri amici carissimi che desiderano tanto voi, et io veramente se non credessi d'havervi a rivedere al più lungo questa primavera, vorrei venire a Roma in ogni modo per l'ardentissimo desiderio che ho di rivedervi.

Io parlai a Maso della Rena del cane che vi promesse; lui mi rispose che voi l'harete in ogni modo secondo il desiderio vostro, et la cagnia ha a figliare questi ognisanti, et Maso mi dice che bisognebbe havere a quel tempo la balia in ordine: pregovi ad avvisarmi quel che volete che io faccia, et se volete che io provvegga la balia io o Santi vostro fattore, avvisate se volete che lo allievi io, o Santi, o quello si ha a fare et quanto prima.

Io me ne vo domattina in villa, e per questo vi mando la descrittione del battesimo, non vi mando la lista delle Gentildonne credendo che la harete hàvuta, et perchè io credo, secondo mi è detto, havervi a rivedere a Siena non sarò più a lungo, et mi vi raccomando et offero. Dio vi doni la sua gratia.

Di Firenze il dì iiij di ottobre MDLXXVII.

Vostro fratello aff.mo

IAC. GUICC.NI

IV

(L. C.)

Al Medesimo

Molto mag.co fratello oss.mo — Scrissivi la passata settimana per la posta di Genova, et sabato pas-

sato non vi scrissi andando io a
caccia, sì che scusatemi: non ho
poi vostre, nè che dirvi, però sarò
breve. Santi vostro fattore sta meglio assai, et di tal sorte che pensa
andarsene fra tre giorni o quattro,
et già ha cominciato a andare per
tutta la casa, et sta bene a fatto
et vi si raccomanda assaisstmo, così
a vostra madre; et perchè io penso
cho mad. Laura ve ne darà nuove
più a lungo, non ve ne dirò altro.

Noi facemmo domenica una bella
caccia et ammazzammo di molte
lepre et così faciamo ogni dì di
festa, et passiamo allegramente il
tempo, ciò è la compagnia de' PIAT-
TELLI (1). Il mio cane ammazzò
tre lepre bravissimamente che non
ve ne fu quasi nessuno che ammazzi
a solo a solo come lui che facevano
bellissime carriere, e andavasene
gran parte di gamba con mille cani
dietro, che fu bellissimo vedere;
et così ci fussi ancor voi, che ci
daremmo molto più bel tempo, et
ci pare mille anni che torniate, sì
che di gratia non ci fate vana la
speranza.

(1) Società di Cacciatori fondata nel 1570.

Il vestro cucciolino sta bene affatto, et ha cominciato a mangiare
che mai meglio, et si farà un bel
cane. Santi lo fa governare come
un passerino, et così la balia, et
non gli manca nulla. Nè sendo questa per altro mi vi raccomando,
così a vostra madre. Dio vi conservi
sano et di buona voglia di tornare.
Di Firenze il giorno 29 giugno
1577, anzi di novembre.

Vostro fratello Aff.mo
IACOPO GUICC.NI

GIROLAMO GUICCIARDINI

Il Gamurrini e il Lilla segnano il nome di Girolamo figlio di Angelo Guicciardini nato nel 1550, morto del 1621; il quale fu ambasciatore del Granduca alla Repubblica di Venezia, poscia senatore e provveditore alle fortezze. Dalla dedicatoria della edizione di Sallustio procurata da Pier Vettori in Firenze l'anno 1576, appare ch'egli venisse ammaestrato da quel valentuomo. Che poscia distogliesse l'animo dagli studi e ve lo applicasse nuovamente, ne porge notizia questo documento, dal quale risulta la sua aggregazione ad una Accademia di cui si tace il nome, ma che doveva essere quella degli Alterati, ovvero l'altra degli Oscuri fondata due anni innanzi.

(AUTOGR. CAMPORI)

Al molto mag.co m. Gio. Francesco di Lodovico Ridolfi ecc. in Roma.

Molto mag.co et mio oss.mo. Ho inteso per la grata lettera vostra il vostro salvo arrivo in Roma, et che voi stavi bene, che m'è stato

di molto contento, io sto benissimo
per gratia di Dio, et molto desideroso di servirvi; et perchè io voglio che gli effetti lo dimostrino
quando da voi me ne sarà porta
occasione che non la recuserò mai:
però lascerò da parte le parole
come superflue. La nostra nuova
Accademia è tuttavia frequentata
da buon numero di seguaci, il quale
si va continuamente accrescendo,
et poichè voi vi partisti di qui m.
Piero Orlandini et m. Riccardo Riccardi (1) sono entrati in essa, i quali
sono molto litterati et oltramodo
atti a farla maggiormente risplen-
dere. Io non ho altra voglia se
non che ella si seguita avanti,
perchè harò all'hora non piccola
occasione di esercitarmi un poco
in quelli studj a quali ho dato o-
pera qualche tempo, se bene con
poco frutto, et ravvedutomi del
tempo perduto, mi rimetterò con
più attentione et diligentia a cercare di sapere qualche cosa, il che
non harei fatto se non mi si fusse
porta si bella occasione, et in somma

(1) Il Lami scrisse una diffusa vita di questo
Riccardi.

per quel poco che io posso che è
quasi nulla in questo genere di cose,
ella piglierà tal fondamento che
difficilmente potrà andare a terra.
Vi ringratio della buona memoria
ne tenete, et ai due seguaci ho
fatto le vostro raccomandationi le
quali vi tornano duplicate come
ancora quelle del Rucellai, il quale
per quello che io mi credo le doverà havere fatte per propria lettera. Con che mi vi raccomando.
Dio vi guardi. Di Firenze il dì 13
d'aprile 77.

A servitii vostri par.mo
GIROL. GUICC.

GIOVANNI LASCARI

Il Tiraboschi lo dichiara il più rinomato fra quei greci che accolti in Italia nella seconda metà del XV secolo, contribuirono a diffondere la cognizione e lo studio della loro lingua. Lorenzo de' Medici lo inviò in Grecia alla ricerca di codici. Carlo VIII lo condusse con se in Francia e il successore di lui Luigi XII lo spedì con carattere di ambasciatore a Venezia. In Roma Leone X gli affidò la cura di un Collegio da lui istituito per l'istruzione di giovani greci, poscia tornò in Francia, dove Francesco I gli diede incarico in compagnia del Budeo, di formargli una biblioteca e in appresso lo rispedì ambasciatore a Venezia. In questa città fu uno dei più valorosi collaboratori di Aldo, il quale replicatamente gli testimoniava la sua gratitudine; ma chiamato a Roma da Paolo III colà morì nonagenario nel 1535. I viaggi continui e i pubblici incarichi lo distolsero dal dare copiosi saggi della sua dottrina, alla quale rendono unanime omaggio i contemporanei. Bartolomeo Cartari inviato del duca di Ferrara a Venezia, in una sua lettera del 24 giugno 1503 così discorre del Lascari. « Questo ambasatore gallo ve-

nuto qua se chiama M. Johanne Lara-
scho (sic) da Costantinopoli, homo pi-
colo con la barba, doctissimo greco:
servitore de Mons. R.mo Rhoano: bono
italiano, ha la lengua latina non man-
cho netta, che habia costume italiano.
Questa signoria già lo vole condure
qua a legere greco cum salario de ducati mille l'anno ». Ma se veramente la
Repubblica ebbe questa intenzione, non
risulta che fosse posta ad effetto.

(AUTOGR. CAMPORI)

*Alla molto mag.ca et Excellent.a
Madonna Theodora Rhalletia del
q.m M. Agnolino sorella quanto
hono.da. In Ferrara.*

Mag.ca q.to maior sorella hon.da
ho riceputa la lettera di V. S. et
intendendo la sua bona sanità n'
ho havuto consolatione. Ad quanto
si dole che non le habia servata la
promessa de scriverli dove io fosse
per andare et come. Veramente
partendo da Venetia scrissi, et
deti le lettere al mio *(sic)* ch'ivi
restò per farli dar recapito, dove
significavo a V. S. che me n'andavo
con li miei figlioli a Vicenza per
stare a vedere come passavano le
cose, et de là, possendo, transferir-

me più oltre. Non havendo inno-
vato altro nè mossomi de li, non
era che scriver cerca questa parte
per haver taciuto tanto tempo, anchora che fosse satisfatto a quella
promessa, posso haver errato, et
di tal errore n'è partecipe anche
V. S. benchè meno di me, sapendo
dove ero, et non mi facendo scrivere. Ma veramente et scrivendo
e non, l'affection mia debita et
conveniente è verso la S. V. et non
dubito anche la di lei verso di me:
et di questo è detto assai.

Quanto alla offerta mi fa V. S.
veramente da sorella, mi persuado
ella pensa, ch'io non possi trovar-
mi in queste parti tanto tempo con
tanta compagnia senza bisogno, et
fa l'officio di vera sorella. Et affin
che la sapia el tuto, io non ho
abandonato, nè fo pensiero di aban-
donare quelli che si sono aggregati
al nome mio si da lontano, et per
fin qui s'è fatto el meglio che
s'ha potuto per non mancar loro.
Da mo avanti non dubito son per
aver bisogno, non possendo pur
haver novelle d'un homo che ho
mandato in Franza, nè volendo
andar a Roma in tanta furia di

peste. Ma narrando queste cose mi
par ia *(sic)* acceptando l'offerta di
V. S. et interpretandola a modo
mio rechiederli, essendo quella af-
fezionata non a me solo, ma come
è conveniente ad una tanto nobile
e generosa donna, anche alla patria, dove io patisco che quanto a
me ero provisto assai. Tuta via non
voglio alcuno incomodo di V. S. ma
se li fosse modo per fine ad cento
ducati o cerca, mi accomodaria molto,
et non li perderia. V. S. mi facia intender la sua bona volontà et in
qualunche modo li piaqui fare. Io
son tuto suo, raccomandandone a
lei per infinite volte et pregando
Idio li concedi bona vita longa.

Del S.or Thomaso Assani non pre-
termetterò, ho gran piacere si mantenga bene, se pur attendesse alla
promessa di venir ad visitar V. S.
intendendol'io per haver gran desiderio di vederlo una volta al meno,
venerò là senza dilatione. Ma mi
par difficile che venga, pur tuto fia.
In Vicenza adì XXI octobre MDXXII.

V.ro menor et obedient.o fratello
JANO LASCARI.

ALBERTO LOLLIO

Fiorentino di nascita, ma vissuto in Ferrara della fanciullezza alla morte, il Lollio ci presenta in se stesso un tipo rarissimo di letterato facoltoso e libero da ogni vincolo di servitù. In una lettera in lode della villa che si legge nella Raccolta del Porcacchi, egli si ritrae al vero con queste parole. « Et perchè io fui sempre alienissimo dalle ambitioni, nè mai mi son curato di fumo, ombre o favori, che tanto costano, et che di tanti affanni et angoscie sono colmi, contentandomi molto dello stato in cui m' ha posto la gran bontà di Dio, me ne sto con l' animo riposato et tranquillo, sforzandomi a tutto mio potere, secondo il buon precetto di Socrate, di esser tale quale io desidero d' esser tenuto ». Infatti egli condusse la vita *procul negotiis*, dato interamente agli studi e alle cure campestri, guardando dalla sua villa al mare tempestoso della corte dalla quale, sebbene devoto ai suoi principi, si tenne studiosamente lontano. Più che l' Aretusa favola pastorale, gli diedero fama le Orazioni nelle quali sfoggiò di una eloquenza artificiale e frondosa, come quella che non era il prodotto della passione o del cuore, ma un proposito deliberato di esercitarsi in quella forma di scrit-

16

tura. In una di queste è nondimanco degno di considerazione il suo voto, che le leggi e i contratti privati dovessero essere scritti in lingua toscana anziché nella latina, prevenendo così di un secolo quella riforma che oggi ci appare pienamente conforme alla natura della cosa e al senso più comune.

I.

(BIBL. ESTENSE)

Al Molto mag.co S.or mio oss.mo il S.re Francesco Bolognetti.

Honoratiss.o Signor mio. — Dopo l'essere stato alquanto sospeso con la penna in mano, dubitando se io doveva scrivere ad un personaggio della gravità che voi sete, di soggetto, che per la sua bassezza parrà per aventura indegno dell'altezza de' vostri honorati pensieri: finalmente appoggiatomi alla considerazione della molta humanità, gentilezza et cortesia vostra; mi son risoluto da galant' huomo, di esporvi allegramente il bisogno mio. Et questo è che havendo io inteso che in Bologna sono alcune razze di bellissimi Satini, che hanno buon naso in campagna, et vanno

dietro al patrone, et desiderando.
sommamente di haverne un maschio,
vi prego caldamente, ad esser contento di cercare con diligenza la
migliore et più bella razza che costì
si trovi, et appostare che del primo
parto ne sia allevato uno, scelto a
giudicio vostro, il quale sia di pelo
bianco folto, macchiato di varie
pezze rosse, o lionate, con le orec-
chie lunghe, et la coda piumosa.
Et come egli habbia poppato un
mese, piacciavi d' avisarmi, che
subito lo manderò a tuore, restan-
dovi di questo gran servigio tanto
obligato, quanto conviensi alla gratitudine dell' animo mio, et al rispetto della persona da cui haverò
ricevuto un piacere, da me con
tutto il cuore bramato lungamente.
Starò adunque aspettando d' intendere quanto haverete d' intorno a
ciò adoperato. Et da N. S. pregandovi ogni contento a voi senza fine
mi raccomando.

Di Ferrara il dì 3 Aprile 1567.
Ai servigi vostri

ALBERTO LOLLIO.

II.

(L. C.)

Al Medesimo

Molto Mag.co S.or mio hon.mo. — Tanta è la fede che io ho nella molta humanità et cortesia vostra, che sperando fermamente che voi siate per escusare la importnnità del mio desiderio, il qual mi muove a pregarvi che vi piaccia di ricordarvi di fare ogni opera perchè io habbia (come mi prometteste) un bel Satino, bianco, macchiato di pezze rosse, colla coda a pennacchio, della migliore et più perfetta sorte che costì si trovi: non ho dubitato di far con voi quest' ufficio, siccome io faccio con ogni maggiore efficacia. So che voi havete benissimo inteso l'intento mio, so che non mancherete della promessa fatta; onde certificandovi che in ciò mi farete singolare et grato piacere da rimanervene sempre obbligato; abbracciandovi con egni amorevolezza, et ogni prosperità et contento augurandovi, faccio fine.

Da Ferrara il dì ultimo di ottobre 1567.

Aspetto quando che sia, d' udir novelle conformi al mio desiderio.
Di V. S.

Buono amico et Ser.re
ALBERTO LOLLIO

III.

(L. C.)

Al Medesimo

Honoratiss.o Signor mio. — Rispondendo alla vostra delli 20 di decembre passato, dico, ch' io vi ringratio molto del vostro amorevole avertimento sopra la diffinitione dell' otio, che vorreste ch' io havessi posto nel principio della mia Oratione, et vi fo fede, che io a questo hebbi l' occhio, sapendo quanto (secondo l' aviso d' Aristotile) importi il parlare delle materie molteplici (per usare la sua parola) co'l mezo della distintione; ma ricordandomi poi, che io non maneggiava questo soggetto, nè come lettore nè come huomo che ne ordisca un trattato; parvemi d' haverne detto a bastanza con quelle parole, poste nella prima facciata

de la seconda carta. « alle quai cose
» S.ri non so come meglio, o più
» efficacemente io vi possa essor-
» tare et accendere, che ricordan-
» dovi dell' ufficio vostro, pregarvi
» caramente a discacciare da voi,
» anzi estirpare affatto, quell' hor-
» rendo mostro dell' otio scioperato,
» nimico della virtù, fonte et mi-
» nera di tutte le tristitie, et d' o-
» gni vitio cagione ». Nel qual luogo si vede chiaramente di qual maniera d' otio io intenda di ragionare,
senza che per tutta l' oratione si
va sempre scoprendo questa mia
intentione. Mi farete piacer gratis-
simo a mandarmi copia del tetra-
stico intiero, che certo egli mi par
molto bello. Quanto alla Pistola di
Mons. di Maiorica, ella nel vero mi
è piacciuta sommamente, perciochè
lo stile è ornato, le parole scelte, i
numeri leggiadri, et la maniera
grave. La materia poi mi par trat-
tata molto garbatamente. Pertanto
vi prego a pregare quel gentilissimo et virtuosissimo S.re che si
degni accettarmi in sua buona gratia, per quello affettionato servitore che già è buon tempo (mercè
delle sue eccellenti virtù) merita-

mente li sono. Et qui a sua S. et a voi di cuore raccomandandomi faccio fine.

Da Ferrara il dì 18 di Gennaro 1568.

D. V. S.

Aff.mo amico et Ser.re

ALBERTO LOLLIO

PIER FRANCESCO MACCALLI

~~~~

Nessuna notizia della famiglia e dello scrittore di queste lettere vivaci, briose e in tutto fiorentine, il quale doveva appartenere a quelle società del Calcio e dei Piattelli che passavono allegramente il tempo nelle caccie, nei giuochi, nelle veglie, intramischiandovi esercitazioni letterarie. Il nome del Maccalli s' incontra la prima volta in una delle precedenti lettere di Jacopo Guicciardini.

I.

(AUTOG. CAMPORI)

Al Molto Mag.co m. Gio. Franccecesco di Lod. Ridolfi in Roma.

Molto Mag.co e mio oss.mo. — Sendo tornato da Casona dove vi scrissi che andavamo, ho trovato una gratissima vostra de 27 passato con la quale ne era un mazzetto per m. Iacopo vostro cugino, le quali subito detti a buon ricapito et a essa farò risposta al poco occorre. Intendesti il caso strano dell' Ugolino, stassi di poi ne' medesimi termini, ma non fa già pazzia alcuna

stando dua a guardarlo. Dio gli
renda la sanità e guardi ciascuno
da simili casi.

Noi andammo di fuora il giorno
di poi la Pasqua, et a S. Casciano
montammo sulle poste et fummo
all' avemaria lassù, che a 20 hore
eravamo alle fonti et eravamo m.
Girolamo, m. Iacopo et io, et per la
via il vostro m. Iacopo andò in
terra mentre correvamo, e per essere l' ultimo nessuno di noi sen
advedde, ma sì bene si rilevò di
terra gridando che era in terra,
ma ridendo perchè era cascato quasi che non se n' advedendo, et noi
scoppiavamo delle risa, et questo
fu sì roppe il posolino et la sella
andò sul collo del cavallo et lui
capolevò, ma non si fece male, et
io che non cascai mi feci più male
di lui, et lassù andammo a spasso
et stemmo a Pietrafitta·in villa del
Acciaiuolo dua sere, et andando
noi a caccia una mattina di là da
Colle dua 1[2 miglia et perchè l'Acciaiuolo con la sua smannata se ne
vennono a Firenze, andammo noi
tre, et come fummo di là da Colle
un 2 miglia andammo alla messa
a cierti frati capuccini, nel qual

luogo come fu detta quasi la messa
m. Iacopo cascò in un tratto et
vennesi manco di modo che non
potette venire con noi a caccia,
ma sì bene se ne tornò in Colle
dove stette benissimo, et Girolamo
et io seguitammo la impresa, et
andammo via et stemmo quasi fino
a 1½ dì che non si trovò lepre,
di poi ne trovammo tante che do-
vetteno essere da 45 o 50 et ne
ammazzammo 12, et la sera allog-
giammo alla S.ta Osteria vicino a
Siena, e parte alle Capanne; il giorno di poi tornandocene verso Colle
ne pigliammo XI con un piacere
grandissimo, havendo visto carriere
straordinarie grandi et per piani
buona parte, e netti, tornammo la
sera a Colle e trovammo il nostro
Iacopino vivo sano e salvo del male,
et gli contammo le carriere e pas-
satempo grande che havevamo hauto, et il poveraccio si disperava
perchè non vi era stato. Nel qual
luogo stemmo 12 giorni e quando
non si andava a caccia si durava
poca fatica e particolarmente Iacopo
non volendo fare altro che a trion-
fini et a primiera e quasi sempre
perdeva, e perchè penso che lui vi

scriverà a lungo non dirò per questa altro se non che qui ci è niente
di nuovo, et al certo si farà un
freddo carnevale. Dua sere fà si è
cominciato a fare al calcio, ma non
v'è nè sconciatori nè datori, ma
son tutti ragazzotti e pochi di modo che è un brutto vedere.

Il giorno di Pasqua hebbi un vostro mazzo nel quale era uno per
il Pandolfino il quale per essere
al'hora di fuora non detti, ma a
suo ritorno l'à hauta, et un mazzo
per m. Iacopo il quale detti et alla
vostra per me non accadè altra
risposta.

Nè altro per questa, farò fine
pregandovi che quando havete nuove alcuna ne facciate parte alli vostri amici, col qual fine mi vi offero
e raccomando, pregando Dio che vi
doni ogni vostro contento.

Di Firenze il dì XI di gennaio
1577.

Vostro aff.mo ser.re
PIER FR.CO MACC.

II.

(L. C.)

Al Medesimo

Molto Mag.co e mio oss.mo. — La settimana passata non vi scrissi per mancamento di tempo, havendomi a trovare la sera in casa m. Francesco Ricardi a far certo consiglio sopra la cosa del calcio e massime sopra di chi haveva a essere alfiere, nel qual luogo si vinse tre i quali havevano a essere signori per tutto il giorno della domenica sino a che entrammo in S.ta Croce, et loro havevano a fare l'alfiere, i quali furono Gianpagolo Gianfigliazzi, Francesco del Nero et Giovanni de' Nerli, et come furno fatti si andò a baciar loro le mani e rallegrarsi del loro bel grado, et di poi loro feciono i governatori i Cerimonieri, Cancellieri, Bargelli e Birri, et a tutti davano grossissima provigione. Et la mattina noi più vicini andammo a casa del sig. Gio. Nerli facendo di molte cerimonie, il quale si vestiva, et gli altri andorno ai loro Sig.ri più vi-

cini, et il nostro ci fece una buona
colizione mentre che e' si vestiva,
et dipoi ci andammo a ritrovare
con quegli altri sig.ri nostri dove
ci ritrovammo tutti a Santa Maria
del fiore et quivi si andò a far
motto l' uno altro e l' altro al' uno
de' sig.ri. Di poi andammo per Firenze a spasso con i nostri aderenti
avanti i quali erano una buona
squadra, et di poi i nostri tre sig.ri
et di mano in mano seguivano quelli
che havevano l' oficii et poi li soldati, ed dietro havevano parecchi
cochi et cavalli: et andammo a
udir messa a S.ta Maria Novella,
nel qual si usò le debite cerimonie
che convenivano a simili sig.ri, et
di poi montammo tutti in cochio et
andammo a trovare il Gran Duca
et lo accompagniammo fino in pa-
lazzo, et di poi ce n' andammo tutti
a casa m. Giovanni Nerli, et di poi
andammo per l' insegna et la por-
tammo a S.ta Croce, et quivi in
sulla piazza spasseggiammo fino che
venne l' ora del Calcio et che S. A.
venne. Et subito andammo al solito
in ordinanza fuora a coppia et dentro prima quelli 3 sig.ri furno d'accordo con quelli adversarii e creor-

no gli alfieri, i quali furno m. Iacopo de Medici quello dell' incar-
nati cioè il nostro, et quello de
pagonazzi adversarii Zanobi Barto-
lini: et come fummo divisi corsero
non iscoppiati sulla piazza. Si battè
la piazza et noi stemmo sempre su il
loco tanto che loro feciono un fallo
et alhora ci mutammo, di poi si ribattè et noi ne facemmo un altro, et
di poi la cosa riscaldò et noi alla fila
facemmo dua caccie, et di poi loro
ne feciono una et di poi si ribattè la
quarta caccia, la quale non si finì
perchè non si vedeva più lume, et
tutte furno fortissime di modo che
loro furno perdenti d' una caccia,
del che il popolo non credeva che
noi fussimo per vincere sendo tenuti
assai peggio. Di poi fu apiccato certi
cartelli, i quali sfidavano questi del
calcio a correre a S.ta Croce il giorno di Carnovale al saracino, i quali
pensorno di non trovare chi rispondessi loro sendovi i meglio giostran-
ti mezzi storpiati, pure non mancò
chi s' offerisse, i quali non trovando
chi si contraponessi volevano essere
vincitori del calcio et signori della
piazza, et questi furno i vagliati et
volsono fare ancora loro un calcio

et non furno da tanto, ma si risol-
vettono a far questo. I quali nostri
il giorno destinato accompagnati
con parte de nostri a cavallo acop-
piati messono in campo quelli che
volevano con loro giostrare, et va-
lorosissimamente corsono et i nostri
li vinsono tutti a tre alla fila, i
quali poveroni non sapevano più
che si dire nè che si fare; ma Buo-
nacorso Rinuccini volse in tutti e
modi con loro giostrare, se bene
non volevano per essere stati loro
vinti, corse e perse, et se non era
questo, mal per loro, ma pure si
disse loro che noi gli chiariremmo
anche col Calcio se pure loro si fussino risoluti a voler competere, i
quali sarà facil cosa che non ne faccino altro, et di quel seguirà sarete
advisato. Il martedì della giostra
piovve assai, et ad ogni modo corsono. Di poi la sera andò una co-
chiata con assai di quelli del Calcio
con i loro vestiti et assai aderenti,
la quale uscì di casa il sig. Giovanni, et fu cosa bella con una bonissima musica, et di poi a cena et
alle veglie nella qual sera se ne
fece assai, et così si è passato il
Carnovale, et voi di costassù forse

havete fatto più belle cose, però di gratia fatene parte a vostri amici.

Il vostro m. Iacopo vi doverà mandare le stanze fatte sopra i vincienti da m. Gio. da Falgano et le coppie de' calcianti. Per questa non vi dirò altro se non che resto pronto per servirvi et di quore mi raccomando, che Dio di mal ci guardi.

Di Firenze il di XV di febraio 1577.

Vostro aff.mo Ser.re

PIER FR.CO MACC.

Truovomi di poi una gratissima vostra alla quale non ricerca altra risposta.

PAOLO MANUZIO

~~~

Curiosa è la richiesta dello zucchero rosato fatta al Pigna nato di uno speziale, proprietario di una famosa spezieria e poco innanzi elevato al grado di Segretario ducale estense, uomo borioso, al quale il Manuzio forse per temperare il mal gradito ricordo della modesta origine e per lusingarne la vanità, conferisce il titolo di Eccellenza che spettava solamente al Duca. Altrettanto curioso e quasi ignoto è il fatto rivelatoci nella seconda lettera, della impresa da lui assunta in società con altri di condurre il pesce salato e fresco da Ferrara a Venezia, e come tenesse a cuore la conferma di quel privilegio, che doveva poscia procurargli tante amarezze, come narrò egli stesso in una delle lettere pubblicate in Parigi dal Renouard.

I.

(BIBL. ESTENSE)

Al Molto honorato M. Gio. Battista Pigna mio maggiore a Ferrara.

Molto ecc.te et honorato sig. mio. Già scrissi al nostro Riccio che

pregasse in nome mio V. E. che
fusse contenta di farmi far nella
sua speciaria diece over dodeci libre di zucchero rosato elettissimo
et egli mi rispose di havernele
parlato, et che sarei servito da Re,
et cosi credo. Hora quantunque io
speri di dover essere con V. E. in
ispatio di non molti dì, nondimeno
la prego, costringendomi il bisogno
a ciò fare, che le piaccia di man-
darmene un vasetto di tre libre,
indrizzandolo a Bell' Ombra, in
mano del sig. ambasciatore dell'Ec-
cellentissimo sig. Duca; il quale
per sua gentilezza non mancherà
d'inviarlomi incontanente. Et ren-
dendomi certo che debba seguire
l'effetto, non aggiugnerò altro,
salvo che le bacio la mano, salutando il nostro Riccio, con desiderio di presto vedere et godere
l'un et l'altro longamente, che
così a Dio piaccia. Di Venetia alli
XVII di settembre 1556.

S.tor PAOLO MANUTIO.

II.

(L. C.)

*Alli Molto Mag.ci et hon.ti S.ri
Fattori generali miei Signori
oss.mi a Ferrara.*

Molto Mag.ci et hon.ti miei S.ri.
Le S. V. deveno ricordarsi che del-
l'anno 1556 il S.r Ambasciatore Fa-
letti a nome loro diede a me et a
M. Tedoldo Rossi la condotta dei
pesci salati e freschi per anni cinque, duo de' quali volse però lasciar
in petto delle S. V. come principali
e perchè siamo ormai alla fine del
terzo anno, desiderarei di esser
dalle S. V. certificato, s' elle si
contentano che la predetta condotta segua per gli altri due anni,
come penso di poter sperare, dovendo elle ragionevolmente sapere,
con quanta prestezza e realtà habbiamo fatto i nostri pagamenti, et
inanzi il tempo, quando ne siamo
stati richiesti. E perchè a me importa il sapere la volontà loro, per
provedere alle cose necessarie, ho
voluto fargliene motto, acciò siano
contente di manifestarmi quale sia
in questo la volontà loro, alle quali

dovunque io possa operare in suo servigio, mi offero, e raccomando per sempre. Di Venetia a 20 di agosto 1558.

Di V. S.

S.tor devot.mo
PAOLO MANUTIO.

III.

(COPIA L. C.)

All' Ill.mo et Ecc.mo Principe il Sig. Don Cesare Gonzaga a Mantova.

Ill.mo S.r mio oss.mo. L'obligo ch'io ho con la buona memoria dell' Ill.mo et R.mo Cardinale zio di V. S. Ill.ma è tale, che conosco esser tenuto a servire in ogni occorrenza tutta la sua Ill.ma Casa. Oltra che l'haver occasione di far cosa grata a V. S. Ill.ma è cosa da esser desiderata, e da me, e da ciascuno. Laonde mi ho reputata gran ventura, che Mons.r R.mo Capilupo mi habbi esposto il desiderio suo intorno al ritrovar persona qualificata per ammaestrare l'unico suo figliuolo in belle lettere, e lodevoli costumi. E maggior ventura riputerò se mi verrà fatt* di soddisfare, et a lei, et a me, in questa parte. Ben lei può esser certa che non mancherò di ogni possibil diligenza, non pur in questa città, che per hora non ha molta copia d'huomini tali, ma scrivendo ancora in altri luoghi, et secondo il successo ragionerò con Mons. Capilupo. Intanto V. S. Ill.ma mi conservi la grazia sua. Di Roma alli 14 di agosto 1568.

Di V. S. Ill.ma

S.tor devot.mo
PAOLO MANUTIO.

ALDO MANUZIO (il giovine)

~~~

Vespasiano Gonzaga signore di piccolissimo Stato, ma d'animo generoso, aveva più che mediocre cognizione di lettere e per questa ragione si era fatto bersaglio alla interessata ammirazione dei letterati i quali gli offerivano a gara le loro penne, promettendogli di cantare le sue glorie ed assicurandogli l'immortalità. Anche l'ultimo dei Manuzi volle correre a quel pallio, e con questa lettera a periodi ciceroniani e a frasi gonfie e iperboliche, gli si fece innanzi la prima volta e gli si dedicò servitore desideroso di celebrare i fasti del magnanimo principe. Dalla vita di Vespasiano scritta dall'Affò e dalle lettere di Aldo pubblicate dal Ronchini, si ritrae che la balestra colpì nel centro; imperocchè egli dalla dedicatoria di un Commento sopra gli Uffizi di Cicerone, ebbe in contraccambio cento scudi e una collana d'oro.

(AUTOGR. CAMPORI)

All' Ill.mo et Ecc.mo S.re S.r Ve-
spasiano Gonzaga Duca di Sa-
bioneta cc. mio S.re Col.mo.

Ill.mo et Ecc.mo S.re. Se tanta
forza ha in se la virtù, et di tanta
stima sapienza, che quei soggetti
ne' quali esse albergano, per bassa
et oscura, che sia la lor fortuna,
sole innalzano et illustrano al pari
di qualunque altro degno, et nobile
personaggio: quando avvenghi, che
ella sieno in un soggetto, accompagnato dagli altri beni esteriori,
quanto maggior forza havranno sopra ogni cosa, et massime nel cat-
tivarsi et far suoi gli animi di
ciascuna persona, sia di qual grado
si voglia? Molto maggiore certo et
tale, che si come molto savi sono
quegli, ne' quali tanto bene si vede,
cosi radi sono, et miracolosi gli effetti, che partoriscono. Onde, se
narrano le historie di alcuni valorosi et eccellenti o nel mestiero
dell'armi o negli studi delle lettere,
che molti tirati dal grido della loro
virtù, si mossero di lontanissimi
paesi, per vedergli, èt contemplar
con gli occhi una parte di quell'ec-

cellenza, che havevan sentito innanzi solo con gli orecchi; come non sarò io lodato, et degno di essere in questa parte imitato, se, commosso dal suono delle divine et immortali lodi, delle supreme virtù, et rarissima dottrina, di cui sento il nobilissimo animo di V. Ecc.a esser sopra ogni altro adornato, benchè a lei ignoto, vengo con questa mia a dedicarmele per affetionatissimo et divotissimo servidore et ad offerirle quanto io so et posso per celebrare, et far in tutti quei modi, che il mio debile ingegno mi conciede, ampio et affettuoso testimonio al mondo in ogni occasione dell'immenso suo valore? non perchè io speri mai di potere con il mio basso et inornato stile arrivare agli alti meriti suoi, ma per mostrarle più tosto l'intimo del mio cuore, et per eccitare i pellegrini ingegni col mio esempio ad esercitarsi con molto maggior successo del mio nelle sue lodi immortali. Con questa occasion dunque di M. Lelio Gavardo, lator della presente, mio strettissimo amico, il quale viene verso costi con quella maggior riverenza che posso et

humiltà le bacio le nobilissime mani.
Et si come ho preso ardire di scrivere senza che fossi da lei conosciuto avanti, giudicando, che ba-
stasse, che io lei conoscessi, cosi
confido, che ella per sua benignità
mi habbia da far degno del numero
de' suoi ser.ri. N S. le conceda lun-
ghi et felici anni. Di Venetia, il
giorno dell'Ascensione, MDLXXX.

Di V. Ecc.a

hum.mo et divot.mo s.re

ALDO MANUZIO.

ANTONIO MERULA

Fra le lettere latine di Paolo Manuzio, due sono dirizzate al Merula, una delle quali in risposta alla presente. Pare che il Manuzio avesse stretto amicizia poco innanzi in Roma col Merula il quale teneva l'ordinaria sua dimora in Caserta al servigio di non sappiamo quale personaggio per dignità e per dottrina preclaro. De' buoni studi di cui era fornito questo Merula fanno testimonianza le lettere anzidette e le dichiarazioni del Manuzio che avrebbe desiderato convivere con lui.

I.

(MS. VATICANO)

Al M.to Mag.co et Ecc.mo Sig. mio col.mo Ms. Paolo Manutio.

Mag.co Sig.r mio hon.mo. — Ho preso piacer grande che V. S. habbia ricevuta un' ultima mia latina che da quel ch' io raccoglievo da una lettera d' un mio giovane, che le raccomandò in mio nome il negotio ch' ella sa, dubitai che ella fusse ita in sinistro: et perchè intendo che V. S. ha fatto l' ufficio, ne la ringratio estremamente, pregandola quando meno sarà occupata, m' avvisi del ritratto per conoscere al chiaro a quanti gradi mi trovo della gratia di quel signore. Ho ricevuta a gran pena questi giorni a dietro una sua di quattro righe, ma non in quella sentenza: però mi farà gratia d' una sua per la prima occasione. Il sig. Bernardino Rota, per un' altra sua ultima mostra essergli stato molto caro e grato il suo saluto, et lo ringratia infinitamente della memoria e virtù sua, inserendo nella sua l' inchiuso epigramma in laude delli scritti e fatighe sue, pregandomi anco amorevolmente ch' io dovessi ricordare a V. S. che volesse emendar quei luoghi mendosi che stanno nell' ultimo volume delle sue lettere di diversi. Et le bascio la mano, ch' è fine di questa.

Da Caserta alli 11 di ottobre 1566.
Di V. S.

Servit.re Aff.mo
ANTONIO MERULA

GIROLAMO MUZIO

~~~~~~

Le lettere dèl Muzio furono stampate in Venezia nel 1551; ma in assai maggior numero e forse di più importanza sono le inedite che si conservano negli archivi e nelle biblioteche. Un volume ne pubblicò il Ronchini di quelle conservate nell' archivio di Parma, alle quali servono di compimento queste nostre scritte in quei periodi di tempo nei quali il Muzio stette in Siena di commissione di D. Ferrante Gonzaga, per persuadere quei governanti ad accettare di nuovo il presidio spagnuolo che avevano poco innanzi cacciato, e poscia fu Roma per fornire informazioni sul Conclave del 1550. La sua vita fu una continua mutazione di luogo, di stato, di professione, di servitù; ma l' economia del tempo, l' ingegno perspicacissimo, l' instancabile operosità e lo studio gli resero possibile il comporre libri in varie materie ne' quali tutto trasfuse l' umore battagliero da cui era invaso. Fu cortegiano, negoziatore, venturiero, teologo, critico, poeta, prosatore molto pregiato. Gran merito del Muzio non aver piegato il ginocchio alla potenza di Pietro Aretino, anzi aver ricambiato col disprezzo l' amicizia offertagli da colui, al quale principi e personaggi di ogni

qualità tributavano oro, onori, adula-
zioni, bassezze. Il Muzio nacque del 1496
in Capodistria; morì in Toscana in una
villa di Lodovico Capponi l'anno 1576.

I.

(AUTOGR. CAMPORI)

All' Ill.mo et Ecc.mo Prencipe et
S.re S.r Don Ferrando Gonzaga
Gen. Capit. Ces. et Luogotenen-
te ecc. in Milano.

A XXIIII di Genova scrissi a V.
Ecc. et quella sera a notte essendosi il vento mutato in pioggia mi
imbarcai: et intorno a quattro ore
di notte avendo alcune guardie dato segno di corsaii demmo a terra:
et a di chiaro ci mettemmo a camino, poi surgendo vento contrario
dismontammo a Siestri: et di quindi
per terra quel giorno giunsi a Sar-
zana: et il seguente che fu il martedì venni a Firenze che fu a XXVI.
Et qui parlai jer mattina lungamente del negotio nostro al S.or Duca,
et si discorse assai senza prender
conclusione, risolvendosi Sua Ecc.
che vi avrebbe pensato: poi questa
mattina mi ha detto, che copiosa-

mente scrive all' Ecc. V. di tutto
quello che ragionò con me, e più
diffusamente ancora. Et che aspet-
tarà la risposta di quella sopra la
quale prenderà resolutione. Di che
altro a me non accade replicare.

Io oggi andrò a Siena per man-
tener viva la pratica con Senesi,
et per levare quanto più si potrà
la voce che è sparsa che si ha da
far la guerra a Siena.

Ho parlato a Sua Ecc. del pagamento della guardia, e quella mi
ha detto che venendoci qui uomo
ella la farà pagare. Al che non ho
saputo altro che dire. So che V. Ecc.
il Sabbato santo scrisse a me in
questa materia; ma non so che le
lettere penso di trovarle in mano
del S.or Crasso (1). Intendo poi che
'l capitano della guardia dopo la
partita mia è stato a Melano, et
potrebbe aver portato ordine separato; pertanto aspetterò da V. Ecc.
la risposta di questo spaccio, massimamente pensando ch' ella non
abbia da tardar molto. Per la quale
potrà anche parendole mandar par-

(1) Francesco Crasso senatore milanese inviato
di Carlo V a Siena.

ticolar commissione dove abbia da
andar la guardia fra questo mezzo
che la resoluzione del tutto si pren-
de. Nè l'avvicinarsi ella in qua mi
parrebbe che fosse a proposito, finchè non venisse con megliore ordine: anzi l'allontanarsi potrebbe
forse servire al levare la fama, la
quale detto ho che già si è sparta.

Del Burlamacchi, oltre le lettere,
ne feci anch'io la debita instanza.
Nè da Sua Ecc. potei trarre risposta determinata se non dolersi che
in questa cosa ella non ne avea
avuta alcuna sodisfatione: et che
gli dispiace che a colui sia dato
nome di pazzo. Et da V. Ecc. in
questo caso si dimostra essere so-
disfatta in quanto da lei, et non
perciò rimanerne contenta. Ma di
questa tale risposta una altra cosa
mi ha dato alcun lume. Qui ci sono
alcuni Lucchesi parenti del Burlamacchi, i quali mi hanno detto che
a loro ha dato anche confusa risposta, et che ad embasciatori di Lucca
Sua Ecc. ha risposto, che da chi
gliene parlerà non si lascerà intendere. Il che mostra che voglia anzi
con silenzio passarsi questa cosa,

che concederla, o denegarla. A V. Ecc. bascio umilmente le mani.

Di Firenze a XXVIII di aprile del XLVI.

Di V. Ecc.

S.re Umil.mo

IL MUTIO

II.

(L. C.)

Al Medesimo

Ill.mo et Ecc.mo S.re — A XXVI si ebbero le lettere di V. Ecc. con la copia della lettera di quella a Sua M.tà et della sua a V. Ecc. Et il medesimo giorno da noi si rispose inviando la notte a S. Cassano le lettere al Moccia, il quale per qua passando ci disse che quivi si sarebbe fermato. Da poi quì si è inteso che il 10 il Bandini era a Brissinone. Di che V. Ecc. può far coniettura del tempo nel quale si possa aspettare sua risposta. Il consiglio che era stato rimesso al dì di ieri, che fu domenica, non si fece. Dicono volere aspettare la risposta del Bandini, perciocchè non vorrebbono essi risolversi ad un modo, et che Sua M.tà mandasse una resolution diversa, quasi volendo inferire che sono per eseguir la ordination di quella. Vanno bene riservati nelle parole, nè promettono cosa veruna: ma pur da pochi giorni in qua si vede in loro una subita mutatione et sono fatti più dello usato umani et cortesi. Dio prosperi le cose di Sua M.tà che questo è tutto quello che fa la strada piana a questo negocio. Il S.or Crasso scrive a V. Ecc. alcune cose pure in conformità di quello che si scrisse l'altro jeri, le quali avendomi esso comunicate, et concorrendo io nella sua opinione, alle lettere di lui mi rimetto.

Qui si ebbe jeri novella come venerdì di notte che fu a XXVI venendo il sabbato gli uomini di Pittigliano andarono con mano armata al palagio del conte per amazzarlo, et dato fuoco alla porta et dentro entrati, trovato non avendolo, amazzarono alcuni suoi officiali. Egli intorno all'ora dell'avemaria si era lasciato vedere, poi fatta notte se n'era andato ad un altro luogo suo detto Sorano: che questo era il suo

costume di non andare di uno ad
altro luogo se non di notte. Un suo
servidore veduto il tumulto subito
andò a dargliene notizia, et egli
incontanente si partì; nè si sa dove
sia andato. Cagion di questa novità
si intende essere state le intollera-
bili gravezze; che tra le altre cose
già sono tre anni che e' faceva fare
una fortezza, al lavoro della quale
ogni dì voleva da sudditi trecento
persone, oltre che si prendeva anche
troppo securtà delle loro donne. Ma
egli ne stava con questo suspetto,
sì per quello che si comprende dallo
andare attorno di notte, come ancora che egli avea dato il bando a
più di cento et cinquanta uomini
del luogo di Pittigliano. A costoro
in questo caso è venuto meno un
piede delle loro speranze. Bascio a
V. Ecc. le mani.

Di Siena a XXIX di Novembre
del XLVI.

III.

(L. c.)

Al Medesimo

Ill.mo et Ecc.mo S.or. — A XXIX
del passato ad ora di messa arri-

vammo quì: et quel giorno et ogni
altro da poi fin qua siamo stati il
S.r Crasso et io unitamente a negotiare col S.or Ambasciadore Cesareo, il quale si è resoluto che
io vada a Siena come precursor
della sua venuta, che fra quattro
o cinque giorni dice di doversi partire. Et perciocchè prima lo ambasciadore di Siena ha fatto istanza
al S.r Don Diego (1) che non meni
a Siena il S.r Crasso, et dapoi avendo saputo della mia andata ha in-
stato che non mi vi mandi me, pur
sua S. ha deliberato che io mi vada.
Et dice che a punto maggiormente
il vuole, per cominciare a far veder loro cose che loro dispiacciano.
Io o oggi dopo desinare, o domane
domattina me ne andrò secondo che
sarò espedito. Di Siena scriverò poi
a V. Ecc. più pienamente secondo
che io troverò quelle cose in essere.
Fra questo mezzo nella buona grazia di lei raccomandandomi, le bascio
le mani.

Di Roma a III di ottobre del XLVII.

---

(1) Diego Hurtado di Mendozza Oratore Cesareo
a Roma.

IV.

(l. c.)

Al Medesimo

Ill.mo et Ecc.mo S.or. — In Siena entrò il S.r Don Diego a XX. Et i S.ri Dieci lo visitarono incontanente et appresentarono: et la Signoria lo è venuta a visitare: et sua S.a Ill.ma ha visitata la Signoria. Et co' S.ri Dieci fin ad ora ha negotiato, che la guardia sia reintegrata del tutto senza alcuna eccettione, et par che da loro abbia avuta intentione che al tutto si sodisfarà et che pagheranno ancora i quattrocento fanti. Sua S. ha udito ancora fin qua lungamente M. Giovanni Palmieri, et alcuni altri di quella fattione separatamente.

M. Angelo Nicolini Consigliere del S.r Duca di Firenze è venuto a questa negotiatione; et ha confortato il S.r Don Diego a procedere in questa causa con autorità et con prestezza, le quali cose desideriamo ancora il S.r Crasso et io: ma sua S. Illma par che non ci vegga la via. Il Nicolini ha anche proposto

che si debbiano assecurare costoro
dal castigo se vuole avergli più
pronti ad obidire: ma di ciò non ha
portata risoluta risposta alcuna.
Benchè a questo non so come gli
errori passati, nè lo esempio che si
ha da dare per l'avvenire, et sopra
il quale si ha da fondare tutta la
reformatione, vi possono consentire.

Essendosi cominciato a ragionare
sopra una forma di governo che si
dovrebbe dare a questa città, il S.r
Don Diego ci ha detto che vorrebbe che V. Ecc. avesse mandato in
qua anche de' pareri che le sono
stati dati dalla parte del popolo che
in quelli avuti dal S.r Gio. Gallego
non ve n'ha niuno. Et per lo scrivere
di V. Ecc. pareva che ella dovesse
anche mandare un suo parere co-
pioso in iscrittura; et par che il S.r
Gio. Gallego lo abbia solamente portato in voce. Noi aspettavamo di
veder quello prima che parlare in
tal materia, ma non essendo venuto,
il S.r Crasso darà in iscrittura al
S.r Don Diego la sua opinione; et
io medesimamente in iscrittura por-
gerò alcune cose che in questa materia mi occorrono.

La grandezza et varietà della

materia mi confonde sì che io sono
più brieve che io non dovrei essere,
che a dire il vero questo è un chaos,
del quale più pienamente se ne può
ragionare che scriverne a bastanza.

Ieri questi S.ri fecero intendere
al S.r Don Diego che iersera erano
per fare il nuovo maestrato, et lo
invitarono a veder l' ordine loro, et
la loro sincerità del procedere. Et
così Sua S. Ill.ma vi andò, et i Dieci
furono confermati. La loro sincerità veramente fu che essendo ancora
fuori i cittadini per questa stagione autunnale, notificarono a confi-
denti loro che venissero. Poi nel
principio del Consiglio avendo il S.r
Don Diego confortato loro a buona
elettione, aggiungendo che così la
avrebbe approvata ét dannata, secondo che ella fosse stata da ap-
provare et da dannare, et parlando
esso piano, et da pochi essendo stato inteso, furono sparse voci di
mano in mano che Sua S. Ill.ma gli
confortava a confermare i Dieci: et
così rimasero di largo giudicio.

Tanto ho da scrivere in questa
materia al presente. Il S.or Crasso
et io siamo qui come agnelli tra
lupi. A lui stanno le spie alla porta

per vedere chi va a parlargli; et
dicono che o vivo o morto lo hanno
da levar di Siena. Et di me che
sono una spia, et che se non me
ne andrò tosto mi faranno uno
scherzo che non me ne andrò più
nè a Siena nè altrove. Et hanno
infine minacciato alcuni gentiluomini de' quali ebbero pensiero quando
io venni da Roma, che mi dovessero
alloggiare: et mi offersero l' alloggiamento, ma io conoscendo gli
umori non volsi dar loro questa
gravezza. Anzi levandomi dalla osteria dove era smontato, mi misi in
casa di una donna vecchia cittadina
di qua che tiene camere locande.
Et costei ancora pur ieri fu ripresa
da alcuni dei principali della fattione, che ella mi avesse accettato, et
le querele ne sono andate fin alla
Signoria. Vero è che il Capitano di
Popolo la ha lodata, et confortata
a farmi ogni comodità et buono trat-
tamento. Questo ho voluto dire a
V. Ecc. acciocchè ella intenda la
buona disposizione di queste menti.
Et umilmente basciole le mani.

Di Siena 'a XXIIIJ di Ottobre
del XLVII.

Il giorno che arrivò qui il S.r
Don Diego ebbi la lettera di V. Ecc.
de XXV di settembre con la cre-
dentiale sua a questi S.ri i quali io
aveva da avertire in nome di lei
che fossero con gli occhi aperti. Et
essendo venuta così tarda, et in quel
tempo lo appresentarla mi parve
che non fosse più a proposito, et il
S.r Crasso concorse in questa opinione: perchè io me ne rimasi. Ho
avuto anche la sua degli XI in risposta della mia di Roma; alla quale
altra risposta non accade se non
ritornare a basciarle le mani.

V.

(L. C.)

Al medesimo.

Dopo scritta la alligata mia (1) è
stato detto per cosa certa che in
Conclavi è stata fatta una congregazione di ventitrè cardinali della
parte Imperiale et della farnesiana,
i quali tutti hanno giurato di non
dare il voto loro ad alcuno se non

(1) Edita nella Raccolta del Ronchini.

di consentimento di tutti. Et questi
istimo io che siano stati i ventitrè
che hanno tenuto sempre fermo per
Inghilterra.

Poi si intende che Paceco et Crescentio hanno insieme fatto parole
et dicesi la ragione essere stato che
Paceco ha proposto Trani, et che
opponendosegli Crescentio gli disse,
Mons. di Trani vi dee aver promesa
alcuna legatione. Et Paceco lo mentì.
Altri dicono che gli disse: vi dee
aver promesso di fare, il Concilio
a Trento. Come che sia, dicono esserci passata quella mentita. Di che
potrà esser la mia ventura ritro-
varmi a Roma, che all'uscir di là
so che vorranno combattère, et non
mi mancherà di esser padrino di una
delle parti.

La opinione è che la cosa abbia
da andar lunga. Et i mercanti che
fondano le loro scommesse in sulle
novelle et in su gli avisi che hanno
di conclavi, ne fanno un tal giudicio che danno a cinquantacinque
per cento che per tutto questo mese
non si farà Papa, a venticinque per
mezzo febraio, et a venti per tutto
febraio.

Questo aggiungerò che havendo

Paceco proposto Trani che è aperto francese, si può fare evidente argomento che gli Imperiali non si trovano buono in mano.

Nè lascerò di dire che pare che gli Imperiali pur fondino le loro speranze in sulla patienza: et che francesi non la habbiano a durare: ma che o debbiano cedere o uscirsene ad uno ad uno. Il Cardinale di Bologna ne è uscito gravemente infermo, ma ci venne anche infermo. Santacroce è megliorato et pensa di rientrare. A. V. Ecc.a bacio riverentemente le mani.

Di Roma a VI di Gennaio del MDL.

VI.

(L. C.)

Al Medesimo

Ill.mo et Ecc.mo S.re. — Scrissi jeri due lettere a V. Ecc., e perciocchè le scrissi così sommariamente dell' aver parlato al S.r Don Diego, ora le torno a dir che cerchi di chiarirmi se vera era la novella che mi era stata detta: et ricordai lo interesse della Ecc. V. et mi rispose che la novella non era

vera, et che non si sarebbe mancato di far che alla Ecc. V. non
fosse fatto un tale pregiudicio.

Di conclavi vengono diverse nuove, le quali si conformano in questa
sentenza: . . . . . . (1).

Et che se egli avesse continuata
la opera già incominciata il disegno
già sarebbe riuscito. Et io ho da
dire all' Ecc. V. che quando si va
bene esaminando questo collegio di
Cardinali, non si truova suggetto
alcuno per universale opinione più
atto a governare questa macchina,
et che abbia meno oppositioni, che
quello il quale si ha preso a favorire V. Ecc. (2). Et io ho parlato
con dei nimici suoi medesimi, i quali
dicono che non lo vorrebbero, ma
che non perciò conoscono persona
più atta di lui. Or essendo tale et
dovendosi nello interesse della Cristianità principalmente sodisfare alla conscienza, io non veggo perchè
altri se ne debbia rimovere per
alcuno oggetto, sapendosi massimamente che già lo Imperadore vi
ha consentito, et che il S.r Don

(1) Seguono cifre.
(2) Il Cardinale Salviati.

Diego ha fatto fede che egli non era diffidente di Sua M.tà, nè dapoi è potuta cadere nuova occasione che lo faccia diffidente. Et le ordinationi venute da poi si sa che sono di sua volontà spontanea. Di che quando si continuasse in questo officio, non intendo come di ragione Sua M.tà se ne potesse tenere aggravata. Taccio lo interesse dell'onore et mille altri rispetti. che vi concorrono, et i quali lascio per brevità . . . . . . Et persuadendomi di aver tempo assai ho voluto dar notitia a V. Ecc. di queste ciancie, et appresso scrivergliene queste parole et baciarle al solito con riverenza le mani.

Di Roma a XIJ di Gennaio del MDL.

CAMILLO PORZIO

L'autore della *Storia della congiura dei baroni* s'introduce colla prima di queste lettere nelle buone grazie di Paolo Manuzio, al quale confidò poscia il manoscritto della sua opera per essere stampata da lui, come fu difatti nel 1565. Quella storia rimasta pel corso di due secoli e mezzo quasi inosservata, fu poi nei nostri tempi per le lodi che ne scrisse Pietro Giordani tolta meritamente all'oscurità e prodotta in luce più volte. Nella seconda lettera il Porzio trasmette ad Alberico Cibo Principe di Massa il principio del secondo libro di una sua Storia d'Italia, che fu poi dal Monzani pubblicato intero nel 1846, assicurandolo di avere in grazia dell'affezione che gli porta, amplificato ed ornato i fatti che a lui si riferiscono. Dichiarazione veramente poco atta ad acquistargli titolo di storico veritiero ed imparziale. Gradì il Principe questo attestato di amorevolezza e facendo a fidanza nella medesima, gli suggeriva nella risposta alcune correzioni da farsi al punto risguardante il fratello suo Giulio e la trista sorte che gl'incolse.

I.

(ARCH. VATICANO)

Al Molto Mag.co Sig.r mio il S.
Ms. Pagolo Manutio. A Roma.

Molto Mag.co Sig.re. È egli possibile sig. Pagolo che sia tanta et tale la disaventura del nostro secolo cagionata da malvagia educatione e da sovrabbondante inchinatione al male, ch'un foglio di carta ingiurioso, o voglia di cartello, habbia potere di suscitar fra gli huomini inimicitie capitali et condurgli al sangue et alla morte, et mille lettere honorevoli fondate sulla virtù et scritte a fine di bene non siano sufficienti a produrre una mezzana amicitia·anzi ch'è peggio che con molti mezzi et occasioni non bastiamo ad avanzare una minima parte della gratia altrui; ma mi rendo certo che si reo costume (sebben patroneggi la universalità delle persone) non entrasse giammai nel generoso petto dell'erudito Manutio nato a beneficio del mondo, et habituato nelle virtù, mi persuaderò più tosto che a desiderosi della sua benivolenza senz'altro sprone

e' si faccia incontro et con lieto a-
nimo et gratioso aspetto gli riceva.
Si com'hora gli conviene d'usar
meco, ch'ignudo d'ogni altro ap-
poggio et tratto solo dall'honorato
grido del suo nome, et dalla nobiltà de'suoi scritti, vengo ad in-
gerirmi nel numero de'suoi amici,
i quali tutto che siano molti et
grandi, non mi sbigottiscono con-
fidato in quel detto del padre della
Romana historia: *Amicorum ne-*
que nobis neque cuiquam homi-
num satis fuit: oltre che sebben
non mi riceveste per quale mi vi
proferisco, la virtù dominatrice degli animi nobili mi costrigne ad
esservi; sicchè sig. Pagolo o rima-
netevi d'esser quel che sete, o
accettatemi per quel che mi vi dono; d'intorno la qual materia mi
distenderei più, se co 'l più scriverne non temessi offendere la in-
nata humanità di voi, con gli studj
anche a gran passi seguita. Sì che
conservatevi sano, et ove crederete
che 'l vaglia, comandandomi. Di Napoli il dì 28 novembre 63.

Di V. S.

Serv.
CAMILLO PORTIO.

II.

(ARCH. DI MASSA)

Ad Alberico Cibo Principe di Massa.

Ill.mo et Ecc.mo S.r mio Oss.mo.
Il Gran Duca mio signore non mi
favorisce solamente co 'l leggere
gli scritti miei, ma quando li ha
in mano, non facilmente mi gli
rende: il che maggiormente è accaduto ora, ch' egli è venuto a
Roma, di maniera ch' io sono stato
forzato, per poter mandare a V.
Ecc. il principio del secondo libro
dela mia Italia, che S. Alt. tiene,
farlo copiare da uno originale non
molto corretto, che si ritrova appresso di me. Vedrà per esso come
l'affetion ch' io le porto, mi faceva
amplificare et ornare le cose ch'appartengono a lei. Non ho voluto
seguir l'Author de la vita del Doria nel tradimento, che dice, che
il sig. Giulio buona memoria pro-
ferse al Mendozza di voler fare
contro i francesi, perch' io nol
credo; nè so come egli l'habbia
potuto dire con verità. Ho havuto
il ragguaglio delle cose occorsele

durante la guerra di Thoscana, le quali benchè siano povere, rispetto al merito di lei et al desiderio mio; niente di manco m'ingegnerò attaccarne qualcuna al filo de l'Istoria. I libri nominati per quello Ciccarella (1), non solamente io non ho mai vednto, ma nè anche l'ho sentiti ricordare; potendone haver luce, ne avvisarò V. Ecc.za alla quale non mi reputo meno obligato, per haver credute le lodi datemi dal Cioffo (2), che allui per haverle dettp. E di cuore le bacio la mano e le priego ogni felicità. Di Napoli il tre di Marzo 70.

Di V. Ecc.za

Aff.mo S.re
CAMILLO PORTIO.

---

(1) Alfonso Ciccarelli da Bevagna celebre falsificatore. Alberico Cibo fu uno dei primi a diffidare delle sue imposture letterarie e genealogiche.
(2) Forse Ercole Ciofano da Sulmone commentatore delle opere di Ovidio.

PAOLO RAMUSIO (il giovane)

Figlio del celebre geografo che pubblicò la Raccolta dei viaggi e delle navigazioni, si diede agli studi della storia e delle lingue, e nella latina che anteponeva alla volgare, voltò la cronaca francese della conquista di Costantinopoli del Villarduino. Poche altre memorie rimangono della sua dottrina per la quale era tenuto in molta stima. Troviamo scritto talvolta il cognome suo, Rannusio; ma in questa lettera egli si sottoscrive veramente Ramusio.

(BIBL. ESTENSE)

Ad N. N.

Eccell.te sig. mio et come padre. Io son in letto già quatro giorni con un poco di febre et perciò non ho potuto ancora parlar al S.r M. Thomaso Zonta di quanto V. S. mi ha scritto cioè della relation prima del Cortese (1) trovata delli *(sic)* da V. S. con tutto ciò ne ho parlato con M. mio padre, il qual dice che

_____
(1) Ferdinando Cortez.

deve esser cosa bella ma che lui
non sa quanto gli sig.ri Zonti la
volessero pagare a colui de chi la
è, non si sapendo la grandezza della
cosa cioè quante carte nè la qualità. Già molti giorni esso mio padre intese da questi librari di qui,
esser sta stampato in Roma un libro de Francesco Gomara della
vita et fatti del sig. Cortese, nel
qual giudica mio padre che forsi
potria esser qualche cosa di questo.
Rihavuto ch'io m'habbia di questo
poco male che spero nel Sig. Iddio
sarà fra tre o quatro zorni, ne
parlerò a bocca col sig. M. Thomaso Zonta et li mostrarò la lettera di V. S. dandoli aviso di quanto
lui ne sentirà per il primo coriero
di questa altra settimana. Fra tanto
in bona gratia di V. S. et del S.or
figliuoio mi raccomando, salutando
ambidoi per parte de mio padre.
Da Venetia a dì 27 febraro 1556.

Di V. S.

Servitor

PAULO RAMUSIO.

ALESSANDRO RIDOLFI

~~~~

Copiosi ragguagli ci offrono queste lettere del Conclave nel quale fu eletto pontefice il Card. del Monte che pigliò il nome di Giulio III. Esso Conclave durò circa tre mesi a cagione delle tre fazioni imperiale, francese e farnesiana che tenevano discordi gli animi dei Cardinali, e diede quindi occasione ai novellisti e ai politicanti di pronostici e di scommesse, di che fa cenno il Ridolfi, sul conto del quale non ci è accaduto rinvenire notizie.

I.

(AUTOGR. CAMPORI)

Al Molto hon.do m. Lodovico Ridolfi   in Firenze

Mag.co m. Lodovico mio hon.do Io hebbi la vostra quatro giorni sono, et perchè la soprascripta andava a Gio. Francesco fu causa che non l'apersi salvo hieri, che guardai vi era incluso una di Lucha, ma però pocho importa.

Quanto alle cose di questi Ulivieri mi dispiace sentire di costà li creditori faccino movimento, et da altra banda conosco hanno ragione. Parlàne col Bettino e mi disse ha-

verne subito scritto per lo straordinario : harò caro sia giovato fino
che si cominci a fare qualche di-
stributione, il che quanto posso vo
sollecitando, parendomi che questo
sia il miglior modo da quietare tutti; ma come sapete il Bettino ha
pure li sua negotii proprii, e questi ancora sono intrighati assai da
pensarli e guardarli non che leg-
gerli più d'una volta per non pigliare un granchio, non ci sendo
persona che interamente sappi come le stieno nè parlarne resoluto,
excepto il Basino che l'havete costà: imperò per le scripture e libri
si va tutto veggendo. Et quanto a
me per quel posso giudicar et per
quanto ancora ritragho dalli altri,
non si può vedere nè dire interamente a migliaia di scudi lo stato delle
rede; ma mi pare bene che ci habbi ad essere pago con quel tempò
conveniente che sarà possibile: imperò con tutto questo il Bettino è
a pr.so e fa citare questi creditori
per pigliare questo carico con benefitio d'inventario e poi procurare
al risquotere, et sarà sempre bene
quando di costà li scrivete lo sol-
leciterete il più potete, perchè non

vuol di qua consiglio da nessuno, ma in tutto e per tutto risolversi e trattare da se medesimo. Se innoverà cosa alcuna di momento vi aviserò.

Hieri questi R.mi Cardinali si chiusono in conclavi per far il novo Pontefice, hanno aspettato otto R.mi franzesi che sono in drieto che vengono per mare, quali si dubita da questo cattivo tempo non siano stati trasportati lontano; se non vengono domani o l'altro faranno senza loro. I R.mi Salviati e Ridolphi stanno di malissima voglia per questa cagione, et al rincontro il R.no Inghilterra è in grande aspettatione, che oggi si è dato 30 per cento, e poi è tornato a 25. Salviati al suo arrivo salì fino a 21, che fu otto giorni sono, et di poi si è mantenuto assai dalli 18 e 19, tamen questa sera è tornato a 15. Ridolphi a 18 di questo che arrivai era a 10 fino 11 il più, et così si è mantenuto fino a questa mattina dal poco più o meno, ma hoggi poi veggendo li franzesi non venivano et che era cattivo vento, è tornato a 7, o manco. È venuto questa sera in luce che il

R.mo Sfondrato a 16 per cento è
di poi tornato a 13, essi dato ancora per tutto martedì proximo sarà creato e pubblicato papa 7 per
cento il detto Cardinale, che questi
paiono guadagnati, ancora ne sia
andate tre, o quatro partite attorno.
Ecci ancora il R.mo Conti il quale
si è mantenuto sempre dalli otto e
dieci per cento: così il R.mo Santa
Croce quale si pensa vi sia più lontano alcuno de'sopranominati. Ci
sono ancora alcuni delli altri che
non sono in aspettatione, sopra i
quali si è dato e si dà continua-
mente, come dire Burgos 2 1|2, Ci-
bo il medesimo e altri: ma se questi franzesi non vengono, dovere-
mo, si pensa, uscire presto d'affanni. A mio giuditio e d'altri che molto più di me intendono faranno uno
di questi quatro, cioè Monti aretino, Sfondrato, Raugeo, Santa Croce da Montepulciano, o Inghilterra,
nè sopra ciò vi so dire altro per
avisi.

Perchè hiersera io apersi la vostra a notte per la causa dettavi.
non ho potuto domandar a M. Lorenzo se ha havuto le lettere di
Lione che scrivete haverli manda-

te, sendo hoggi tutto piovuto; vedrollo domani, e vi aviserò.

Non vi dirò altro, raccomandomi a voi infinitamente, e se posso niénte per voi scrivete sempre. Da Roma il dì 30 nov. 1549.

Vostro nipote

ALESS.RO RIDOLFI

Quel negotio della S. non so se ne havesti risposta da Lucantonio: come Gio. Francesco arrivi ne parlerò con seco.

II.

(L. C.)

Al medesimo.

Mag.co e hon.do m. Lodovico. Dopo l'ultima mia mi trovo a fare risposta a tre vostre de 7. 7. 12 gratissime al solito; e prima quanto alle mandatemi per m. Lorenzo Ridolfi hebbono bonissimo ricapito, così haranno sempre che ne mandiate; di poi quanto alle cose di questi mia nipoti, mi pare che sempre il Bettino ci si affatichi di bone gambe, et io fo il medesimo di quello so e posso: imperò non s'è

fatto cosa di momento, e lo causa
parte questa sede vacante e parte
lo interesse delle faccende proprie
del Bettino: ma a mio giuditio importa assai alle rede che venga uno
bon principe et che sarà meglio del
passato per loro, si pensa absoluto.
Ho piacere intendere, che costà li
creditori si siano fermi per qualche
giorno, perchè alla fine si fa ancora
per loro che questa faccenda si pigli per il verso, e forse che più
non credono. Il Bettino scrisse sabato al vostro Calandro e Pasquale
che deputassino insieme con li altri qua uno che vedesse parte delle cose per più loro certezza, il che
non sarebbe se non bene volendo
queste cose pure assai tempo et secondo il detto Bettino mi dice, sabato ve ne manderà li bilanci. Io
sono certo che se questa cosa si
piglia per il verso come io farò il
mio sforzo, che si avanzerà a que-
sta heredità almanco li 2|3 di quello
hanno costà, et così ho bene ri-
scontro da persone che lo sanno benissimo. El Bettino è valente e risoluto, ma qualche volta non vuole
essere consigliato: io farò sempre
in benefitio delle rede il debito mio,

e dirò quel tanto mi parrà, e poi se nulla succederà di momento vi adviserò; il simile farete voi di costà.

Iò non risposi sabato alle vostre perchè dal Bettino fui tenuto a scrivere, imperò non lo imputate a negligentia, così questo come il non vi haver scritto per straordinario, perchè di qua non è seguito innovatione alcuna che l'harei facto, salvo l'arrivo di cinque Cardinali francesi, e con loro il nostro Gio. Francesco; aspettassene fra dua o tre giorni quatro ancora. Il nostro R.mo andò allo arrivo loro a 26 e stette dua giorni di poi a 20, ma è calato a 13; pure questa sera è a 15, Inghilterra 17 e Salviati 12, Santa Croce 16. Non si fa troppe scommesse da quattro giorni in qua, che ognuno è satio, maxime veggendo la cosa andare in lunga, et che fra uno mese non haremo papa. Ridolfi senza dubio è in grande aspettatione, nè si sa per ancora drento lui o Salviati havere cimentato il loro credito, che sendo delli boni hanno da essere degli ultimi. Consiglierèvi alla havuta di questa se Ridolfi è a 15

costi che voi ne dessi dua o tre
partite, perchè è per salire ad o-
gni modo ogni volta che arrivino
questi altri francesi o che s'intenda niente di conclavi, e di questo
non ne state in dubio che ci ha
gran parte assai più che uno suo
cugino, se seguirà nulla degna di
avviso non mancherò sublto farve-
lo con la mia noto. Raccomandatemi al capitano nostro di Fivizano
quando li scrivete facendo mia scusa se non li do questi ragguagli
del papa, e facendo fine mi raccomando a voi e a vostra madre sempre. Da Roma il dì 16 Xbre 1549.

Vostro
ALESS.RO RIDOLFI

III.

(L. C.)

Al medesimo

Mag.co e hon.do m. Lodovico. Io
vi scripsi alli 16 per straordinario
l'ultima mia, dipoi non ho vostra,
e questa fia solo per buono uso più
che per altro non ci sendo niente
di nuovo quanto al papato, che non

s' intende in conclavi segua se non
cose ordinarie, et per trattenere la
cosa fino venga risposta dallo Imperadore, al quale otto giorni fa spe-
dirno questi imperiali, e mandorno
uno che usci di conclavi che fingeva
essere malato. Secondo si può giudicare, Salviati e Ridolfi vanno facendo le pratiche chetamente, nè
per ancora nessuno di loro è stato
squittinato, del che acquistano maggiore credito: imperò non si può
pensar se non bene dell'uno e altro,
e in particulare Ridolfi. Le scommesse vanno freddamente da 8 giorni in qua, e non c'è danari et da
un' hora a altra fanno mille varia-
tione, imperò non se ne può scrivere uno vero. Salviati in questo
punto che è a 1|2 bora di notte è
salito a 18, e Ridolfi si sta su li
15 a mia opinione l'uno e altro
per salire assai.

El Bettino e noi altri sempre ci
andiamo affaticando a benefitio delle
rede di Benvenuto ed i sua creditori, imperò quando di costà voi
sentissi che volessino di novo cominciar a muovere, piacciavi di
gratia usar diligentia di scriverme
per straordinario acciò si possa rt-

mediare con qual cosa, ma a mio giuditio farebbono errore a⁻ non lassare andar la cosa per il verso, perchè prima non sarebbero pagati loro, come saranno se lasciano incaminare bene, e dipoi ancora farebbero danno alle rede. Seguendo di qua nulla da conto vi adviserò.

Altro non vi starò a dire per questa, Raccomandomi a voi e a vostra madre sempre.

Da Roma il dì XXI di Decembre 1549.

Vosiro

ALESS.RO RIDOLFI

Vi dissi lo arrivo di Gio. Francesco con li cinque R.mi Francesi.

IV.

(L. C.)

Al medesimo

Mag.co e hon.do m. Lodovico. Dopo l'ultima mia ho la vostra senza giorno, che havendola havuta con altre per l'ordinario penso sia di sabato. Quanto alle cose del conclavi non vi ho che dire nulla di

novo: le cose saranno più lunghe
non si pensava, che mi pare intendere pensano a fare ll papa quanto
noi: se a chi aspetta havesse osser-
vato le leggi a questa hora saremo
fuora di questo pensiero, perchè
se in capo a 10 giorni non hanno
fatto papa hanno havere pane e
acqua, ma hanno l'ordinario tutto
per il meglio. Qui si è dato, come
da altri intenderete, 40 per cento
che non sarà fatto per tutto il
presente, e 10 per tutto l'altro,
sì che vedete come passano le
cose. A giudicio di ogni homo
le cose saranno lunghe. Il nostro
R.mo ha qualche oppositione dalll
imperiali per le cose di Firenze,
che se non fussi questo ce lo pro-
metteressimo al certo, pure m. Lorenzo ha buona speranza, et le cose
sue in conclavi stanno benissimo
disposte che ancora non si è cimentato, che vuole essere l'ultimo. Il
suo cugino da sei giorni in qua è
mancato assai di reputatione per
più conti, nè si pensa per questa
volta vi arrivi. Tenete per certo
che Ridolfi ci habbi maggiore parte
di lui, et ardirei di dire di altri
che fussi in conclavi, se da voi non

fussi biasimato che l'affettione mi
trasportassi; e con effetto se le cose
vanno innanzi come hanno cominciato ne harà buono, a Dio piaccia,
di novo vi aviserò per extraordinario, che per costi quasi ogni giorno si spedisce dallo ambascatore.

Quanto alle cose delle rede il
Bettino va sempre rassettando le
scripture et informandone, ma sono
imbrogliate, et vogliono tempo a
ridurle. Io li aiuto quanto posso
che non mancherò del mio debito,
et spero presto se ne manderà qualche chiarezza dello stato loro a cotesti vostri, ma le cose sono tanto
trasandate e accese a 5, o 6 libri
che si riniega il mondo a ritrovarle,
pure non si può vedere ogni cosa,
nè giudicare il tutto se costà volessero movere: avisatelo subito, et
quel Paganello vi darà nova delle
cose di qua che ogni giorno debbe
havere una stafetta.

Giovan Francesco si chiuse in
conclave sabato passato, doverà
presto venirli a fastidio ancora a
lui. Spesso ne esce malati pure dei
medesimi Cardinali, Pandolfo Pucci
uscì hieri e sta bene ed a nove saranno cose lunghe.

Io vi manderei alcuni sonetti di Pasquino belli e di più sorte, che burla con questi Cardinali; ma voi havete altro da fare: mandoli a Gio. Cavalcanti insieme con una lettera del sig. Camillo Orsino che scrive al collegio, bellissima.

Altro non si starò dire. Raccomandomi a voi e a m. Pier Filippo, così a Ridolfo quando li scrivete.

Da Roma il dì V genn. 1550 a.n.

Sempre Vostro
ALESS.RO RIDOLFI

V.

(L. C.)

Al molto hon.do m. Lodovico Ridolfi
in Firenze.

Mag.co Lodovico hon.do. Io non feci il passato sabato risposta alla vostra delli XI. Et possete pensare ne sia stato cagione il non haver che dirvi nulla di nuovo si come m'interviene questa volta; imperò presumetevi che questi Cardinali pensino ad ogni altra cosa che a fare il Papa et che si sia dato X. per tutto maggio e XXII per tutto aprile, ecci chi dice XII di giugno, ma io non ne sono bene chiaro; non si attende ad altro che alli tempi; li Cardinali sono falliti.

Voi harete inteso prima che hora come al nostro R.mo quatro dì fa in conclavi venne uno dolore di petto che si svenne, a tale che subito li cavorno 9 oncie di sangue. La mattina seguente fu forzato a uscire di conclavi: il che seguito, sempre prese vigore di poi, a tale che adesso sta benissimo, e giudico che della qua.ma ritornerà drento. Il male era d'importanza, se la frebbe lo havessi accompagnato, o fussi durato: ma a Dio per sua bontà è piaciuto sanarlo. Giovanfrancesco ancora lui uscì, e sta benissimo, e il Gianotto rimase drento. A poco a poco dovranno uscire tutti mi credo, che di già ne è fora 5, o 6. Se innoverà cosa alcuna lo saprete.

In le cose delle rede io mi vo sempre affaticando parendo sia mio obligo; ma il caso loro consiste nel novo Principe et costà in S. E.tia che faccia l'uno saldare li conti presto, e l'altro paghi se non tutti parte di quelli 12 m. che deve. Voglio credere che voi aiuterete e consiglierete il Bonsi et il Pasquale di questo negotio alli quali se ne mandò li conti, perchè se di costà voi altri creditori vi contentassi et fermassi su questo assegnamento col farne viva parte; di qua il Bettino piglierebbe assai più forza e animo. Avisate quel seguirà.

Non dirò altro: a voi mi raccomando sempre. Da Roma alli 25 di gennaio 1549 ab inc.ne

Vostro

ALESS.RO RIDOLFI

LUCA ANTONIO RIDOLFI

~~~

Dei quattro individui della famiglia Ridolfi di cui si sono recate lettere in questa Raccolta, Luca Antonio è il solo di cui la storia letteraria segna con onore il nome e le opere. Per ragione di negozii passò egli gran parte della sua vita in Lione, compartendo il tempo fra gli affari e gli studi e diffondendo la cognizione degli scrittori classici italiani in Francia. In quella città l'anno 1555 curò la pubblicazione del Decamerone aggiugnendovi di suo la vita dell'autore, la raccolta delle sentenze e le note tratte dalle prose del Bembo; e nel 1574 vi fece stampare il Canzoniere del Petrarca corredato di annotazioni e del rimario. Nella stessa città diede in luce tre suoi componimenti senza porre il nome, cioè un Ragionamento sopra alcuni luoghi del Centonovelle nel 1557; un Ragionamento sopra la dichiarazione di alcuni luoghi di Dante e Petrarca nel 1560; un Dialogo intitolato Aretefila che ha per argomento principale gli amori del Petrarca, nel 1562. Ebbe carteggio e amicizia con molti letterati e col Varchi principalmente, del quale fece pubblicare in Lione dal Rovillio due Lezioni, l'una dell'Amore, l'altra della Glossa; e alcune sue lettere si leggono nélla Raccolta del Manuzio. In queste nostre egli si manifesta assai più mercadante e banchiere, che letterato. Giuocava all'azzardo sul papa da farsi, sperando che dove venisse eletto il Cardinale Ridolfi suo parente, si sarebbe rivalso ad usura del denaro speso « oltra il contento che n' harei grandissimo » soggiugne egli. Ma il Cardinale in questo frattempo passava a miglior vita, lasciandolo col danno e colla speranza delusa. Non possiamo affermare con piena sicurezza ch'egli sia il medesimo, che il Moreni nelle sue appendici manoscritte al Negri, dichiara nato nel 1510 da Gio. Francesco e da Camilla Pandolfini, ed eletto senatore nel 1570.

I.

(L. C.)

A Lodovico Ridolfi in Firenze.

YHS

Lodovico fratello car.mo. Io ho dopo l'ultima mia ricevuta la tua del primo stante tenuta a IIII.° alla quale con maggiore commodità farò risposta dicendoti per hora quello che più mi occorra. Io mi sono risoluto in su questa creazione del nuovo pontefice avanzare qualche

cento di scudi, o perderne infino a
mille et vedere il R.mo Ridolfi papa,
pensando che quando nostro Signor
ne concedesse tanta gratia ch'egli
fusse, d'havere per qualche via a
buscare tanto che mi rinfrancassi
la detta perdita de mille scudi, oltra
il contento che ne harei, seguendo,
grandissimo. Però ti do commessione pella presente che sopra il
detto R.mo Ridolfi pigli per mio
conto a scommessa cinque partite di
cento scudi per partita da XX. per
c.o indietro et da XX. per c.o inanzi
pigliane cinque altre partite che in
tutto saranno a detti prezzi dieci
partite, che essendo assicuratore di
scudi cento e non più per ciascuna
partita como ti dico voler fare,
verrò a correre risico della somma
de detti mille scudi e non più: *caso
che il detto Ridolfi sia eletto successore soto di papa Paulo terzo*,
che in questo modo voglio che tu
dica in su le cedole che tu sotto-
scriverai: sì che avertisci, perochè
se tu dicessi ogni volta che Ridolfe
fusse papa, s'intenderebbe anco per
un'altra creatione. Alla havuta a-
dunque di questa, ti piacerà cominciare a pigliare nel detto modo al

migliore prezzo che costì corre sopra il detto Ridolfi le dette cinque partite fino che arrivi XX. per c.o per ciascuna partita: e come e' si darà più di XX. per c.o pigliane cinque altre partite tanto che facci in tutto le dette dieci partite come di là ho detto e non possa perdere più di mille scudi sopra tutte le dieci partite. Le cinque prime partite potrai pigliare subito allo arrivo di questa a quel prezzo che corre, et poi come e' passa XX. per c.o piglia le altre cinque partite, andando queste cinque scompartendo di pigliare un dì una et un dì un altra secondo giudicherai di più mio profitto, che talvolta potrebbe andare montando su a poco a poco et anco forse calare; però quando tu lo vedessi dare adietro finisci subito di pigliare le partite che ti restassino a pigliare delle cinque che ti dico che pigli da XX. per c.o in su: et quando in queste cinque ultime partite non la guardare a cominciare a pigliare in uno per cento: cioè quando tu non potessi cominciare a pigliarle a XX. per c.o in su, cioè a XXI. per c.o, comincia a pigliarle da XX. per c.o che me

ne contento. Apresso voglio che
sopra tutti li altri Cardinali o gente
che non siano Cardinali, sopra dei
quali si desse scommessa che habbiano a succedere soli nel papato
a Paulo terzo, che ne pigli per me
sopra di ciascuno una partita sola
di cento scudi et non più per uno
a quel prezzo che correrà per la
piazza: tanto che essendo papa altri che Ridolfi io non possa perdere
più di cento scudi, sì che fanne nota
di mano in mano che piglierai et
avertisci bene che sopra un medesimo non ti venisse pigliato più
d'una partita che serà per te, ecce-
tuato Ridolfi, che sopra questo solo
voglio correre quel risico che di su-
pra ho detto. Piacciati stare vigi-
lante et pigliare di tutti quelli che
verranno di mano in mano in
campo, che il vantaggio è pigliare
di tutti, pure che e' non si pigli più
che una partita di cento scudi per
ciascuno di quelli sopra de' quali si
darà scomessa; et io per la presente
ti prometto cavare d'ogni danno
che ti potessi mai venire delle sco-
messe che havessi pigliato per me,
secondo la commessione datate per
la presente et pagare quelle che si

havessino a pagare obbrigando me,
mia heredi et beni presenti et fu-
turi: terrai diligente conto di tutto
et, quello spenderai nelle senserie
ti farò buono: provisione per amor
mio sarai contento non pigliare.
Quando tu non volessi scoprirte a
pigliare tanto sopra Ridolfi, fallo
fare a uno o dua de' tua amici et
così sopra li altri Cardinali, et di
gratia vedi di servirmi di queste
commessioni et vantaggiarmi il più
che potrai secondo che in te confido,
che a pochi altri che a te harei
data questa commessione.

Qui Ridolfi uscì a 15 poi è tornato
a 12 e si fa pochissimo, et io fino a
qui ho pigliata solamente una partita. Salviati si cominciò a 12, e andato a 20 hora resta a 14 senza denari. Polo a 7: tutti li altri da 5
in giù, ma in voce più che in fatti;
lo imperadore a 2 per c.o.

Saratti a mente di avisarmi giornalmente di tutto quello che segui-
rai o harai speranza di seguire, acciò che non possendo tu fare costà
vedessi di fare qua io: et così pel
contrario che facendo tu costà, io
qua non m' ingolfassi : scrivi et
manda le lettere al ta.o che vegga

di mandarle sempre per il primo
che passerà, che ne doveria passare
de' corrieri senza comandare lettere. Dirizza il pacchetto a Panciati-
chi et lo condanna acciochè sia meglio dato; fa prima e seconda copia
e mandane una mano a Lucca di
donde spesso ci viene gente et una
mano a Genova, acciochè io sia del
continuo avisato di quello che seguirà, avisandoti che fino ad havere
tue lettere per sapere quello che
potrai fare, io qua mi andrò trastul-
lando facendo il mio fondamento
sopra le commessione datate pella
presente, pella quale mi pare d'ha-
verte assai bene dichiarato l'animo
mio. Però starò hora aspettando
quello che seguira et a Dio piaccia
di buon mandare, nè altro, raccomandami a tutti li amici e sta sano.
Christo ti guardi. Adi XVIIJ di novembre 1549.

tuo fratello

LUCANTONIO RIDOLFI in Lione

Dico che voglio che tu pigli prima
le cinque partite sopra Ridolfi al
miglior prezzo che tu potrai et poi
cominci a pigliare sopra tutti li al-

tri nel modo in questa dato, eccet-
tuato sopra Salviati che sopra questo non pigliare nulla senza nuovo
mio aviso.

II.

(L. C.)

Al medesimo.

Lodovico fratello car.mo. Io ti
scrissi credo a' 24, dipoi hieri ricevetti la tua de' 19 che la scrivi haver mandata per ghiodo di palla (?),
non è mai comparsa. Ho visto quello
havevi seguito sopra le scommesse
d' havere pigliato sopra Ridolfi, 4
partite cioè 2 a XI et 2 a XII. Sarebbe stato bene havere havuto di
quelle a 28, ma poichè lo facesti
pensando far bene, apruovo tutto:
doverai poi havere pigliato la partita che ti mancava a fare le prime
cinque, e delle altre cinque poi da
XX in su governatite secondo che
ti dissi per la mia delli VIII et se
questa è a tempo ti dico che havendone preso le prime cinque partite, non ne pigli più, che ba-
sterà correre risico per 500 scudi
ancora che non credo habbiamo ha-

vere mai tanta gran ventura. Li
ordini di qua furono che dopo Loreno e Ferrara fusse fatto tutto il
favore a Ridolfi prima et poi a
Salviati, ma a Ridolfi doveranno
nuocere l'imperiali et a Salviati i
Farnesi, tanto che l'uno nè l'altro
non sarà. Da Roma si è inteso
como i Farnesi si sono scoperti nemici di Salviati apertamente, tal
che non lo faranno mai papa, et
di Ridolfi si dubita delli imperiali
come ho detto, et se i Farnesi si
accordassino con Franzesi, Ridolfi
vi harebbe grandissima parte perchè i Farnesi confidano in lui e i
Franzesi lo vogliono, et questo
seppi di bonissimo luogo. Per tuo
conto mi hai tratto 3 m. in me che
manderai la scrittura et per valer-
mene ti sono tornato a trarre la
medesima partita per li 15 del mese
proximo a 267 sc. per conto in Piero
Niccolini..... come promette et paga
al tempo et poi a tuo et avisa il
Dolfi si truova a Roma, scrivi là a
qualche amico che gli faccino scon-
tare il resto del tuo cavallo. Non
ti mando la cedola, non pare che tu
te ne possa ancor servire perchè
potrebbe sempre dire di volerci tor-

nare, ma como se vedrà fermo et accasato in qualche luogo lo potrai poi stringere.

Avisami quello che si ritrae delle cose di Benvenuto et che ordine bisogna dare per noi altri creditori per sapere quando et come habbiamo a essere pagati. Mandami il resto de lavori del..... et le partite di tutto quello hai pagato per lui, cioè per i sua lavori, acciochè di qua io me ne possa fare sodisfare, et tienti di gratia a mente e ci sarà un piego per Pierfilippo, dallo bene e avisa. Delli amici di Spinola siamo usciti salvi et è stato meglio come si dice cento beffe che un danno. Quando tu hai nulla d'avertirmi ricordati di farlo. Non altro. Raccomandami a nostra madre et sta sano. Christo ti guardi sempre. Adì 29 di novembre 1549.

tuo fratello LUCAN.O

in Lione.

III.

(L. C.)

Al medesimo

Lodovico fratello car.mo a XIII del presente fu l'ultima mia sotto lettere de Salviati e Spina, nè tue me truovo di poi: con essa ti mandai un piego pel Varchi il quale ti raccomando, così vi era una per Piero et al quale io credo che scrivessi che il partito che si tratta sopra la dogana sarebbe a XIIII per c.o et egli non fia se non a XII come da vostri doverete essere più al vero avisato, però ne avertirai da mia parte detto Piero.

Con questa te mando un piego per Giorgio Marescoto cartolaio che sta in casa lo stampatore ducale Torentino e così una lettera per il detto L.zo Torentino stampatore: priego te che voglia fare dare l'una e l'altra bene e massime il suo piego a Giorgio in propria mano perochè importa assai, e avisami del seguito, e se ne hai risposta sarai contento mandarmela. Nè più per questa. Christo ti guardi. Li 17 di dicembre 1555 in Lione.

IV.

(L. C.)

Al medesimo.

Lodovico fratello car.mo a 26 del passato ti scrissi l'ultima per le mani di Salviati e Spina con un grosso piego per il Varchi al quale aspetto sapere che tu l'habbi fatto consegnare, sicome ti priego a fare fidatamente d'una lettera che io ti mando con questa per lui, avisandomi del seguito che m'importa sapere che egli l'habbia ricevuta. Ho questo giorno la tua de' 23 del passato alla quale altra risposta non accade. Ho molto caro che stiate tutti bene. Dio vi mantenga e me per sua gratia non abandoni. Il medico Alessandrino non è ancor comparso, che doverà havere havuto che ugnere. Nè altro per questa. Christo ti guardi. Adì X. di giugno 1558.

V.

(L. C.)

Al medesimo.

Lodovico fratello car.mo. A 16 e 17 del presente per via de L.ca fu-

rono l'ultime mie e ti accusai la
tua de' 6 stante, nè tua mi truovo
di poi: come ti dissi ricevetti il
grosso piego per li Salviati di Lione
a' quali ne detti avviso e hora sto
aspettando che mi diano ordine di
quello vorranno che io n'esegua.

Hebbi la lettera del Varchi e il
libretto che mi mandaste a parte
et questa fia la risposta per il detto
Varchi, una per Francesco Venturi
e una per Giovamb.a Dei che ti
piacerà far ben dare tutte et avi-
sare il seguito.

Maravigliomi assai che Giovanfrancesco scriva che a risolversi
aspetta la mia risposta, conciosia-
cosachè io gli rispondessi fino quando
era a Lione, egli mi scrisse havere
ricevuta la detta mia lettera: la
quale conteneva che non mi pareva
il dovessi fare se non era bene assicurato di farlo, non pure con li-
centia ma ancora con bonissima
gratia del mag. così ho risposto
circa la pratica della quale mi scrisse
il dette Giovanf.co e replicato loro
le molte dificultà che io ci scorgo
dentro: alle quali non mi hanno
risposto, ma dettomi solamente che
la facilità che pensavano ci fusse

di potersi ritirare a stare il resto
del tempo mi havesse a far risolvere, la qual non è più nulla, ritornando eglino a negotiare nel
paese di prima.

Tutti i mercanti che son fuori di
Lione che sono tutti quanti italiani
salvo il Bartolomei, il Pandolfi e il
Bartoli che sono in Lione, hanno
convenuto di fare i negozii delle
proxime feste di pasqua a 18 e 20
del proximo a Digiun terra del Re
in Borgogna e questo non pure con
buona gratia della corte, ma ancora
coi medesimi privilegi di Lione:
però io penso fra non molti giorni
cominciar a inviarmi verso quella
parte, sì che di qui avante quando
ti occorrerà scrivermi, adiriza pure
le lettere quì in Ciamberì a Aless.
e Luigi Capponi o chi per loro perchè me la mandino ove io sarò, e
a modo alcuno non le adirizare a
Lione. Come ti scrissi, potrebbe forse
essere che i carichi fussino per ordine della corte prolungati più là de'
XX. a richiesta di quei mercanti
che hanno a risquotere assai per
conto di mercantie, per dare più
tempo a loro debitori di pagarli.
Vanno tempi da considerare molto

bene da chi altri piglia carichi, sì che ti consiglio ad aprire bene gli occhi, che i debitori di mercantie è forza diano gran perdita e quei di Tolosa massimamente, imperò la dritta è contentarsi a questi tempi di manco fare.

Raccomandami a P..... dicendoli che io hebbi il suo primo spaccio e che al tempo darò ricapito a tutto facendogli comune la presente.

Quanto alle cose della guerra, il campo del Re si va tuttavia ingrossando di Svizeri e di pistolieri e tuttavia aspetta fanti e cavalli tedeschi et ha ripreso dua terre che teneva la parte aversa, la quale si sta col suo campo tuttavia a Orliens o quivi intorno cercando anco ella d'ingrossarlo, e per quanto si dice ha mandato a domandare soccorso nella Alemagna ai protestanti. Parlasi che di nuovo habbiano rappicato pratica di pace, ma non si ha molta speranza che habbia havere effetto. Il capitano di quei di Lione ha preso alcune terre nella provincia di Fores contigua al Lionese, hora si dice che se ne va per prendere alcune terre nel paese di Ouernia per scendere poi in Pro-

venza e andare a porre lo assedio
alla terra d'Avignone, la quale se
da Sua S.tà non fia tosto e gagliar-
damente soccorsa, porta pericolo.
Hanno i detti di Lione havuto al
lor soldo da 4 m. svizeri i quali si
pensa siano per andare nella Borgogna per vedere di pigliare Scia-
lone, la qual terra è molto forte
di muraglie e si crede sia anco
molto ben provista, onde forse man-
deranno alla volta d'Avignone li
detti Svizeri li quali sono stati
condotti da capitani particolari della
medesima religione e non a nome
della sig.ria di Bernia, la quale
nondimeno non ha proibito loro
che non vadino: hanno havuto il
passo da questo sig. Duca di Savoia
il quale sino a quì si sta neutro.
Dicesi che riharà tosto dai Franzesi tre delle sue terre di Piamonte,
cioè Turino, Chieri et Civaso et
quando l'harà havute, forse che
alhora si scoprirà in favore di Sua
Maestà Christianissima.

Dirai da mia parte a Bart.o e
Tomm.o Martelli che di Lione mi è
stato mandato quì la loro de' 6
stante con la quale non era lettera
alcuna, che se vi fusse stata harei

dato loro ricapito molto volentieri
sicome m'impiegherò sempre per
loro molto volentieri in tutto quello
che piacerà loro commettermi.

Scritto fino a qui ho havuto risposta da Salviati di Lione, i quali mi
dicono che harebbero havuto molto
caro che voi havessi mandato loro
i vostri spacci a dirittura e non
fatti lasciar qui, però mi ordinano
ch'io gli mandi loro per il primo
corriero che qui passerà per là e
io così seguiterò di fare. Hannomi
mandato un grosso piego per voi
perchè lo mandi per il primo corriere e non mancherò, che questa
mando per il corriere di V.a che
viene di Lione, per il quale se ha-
vessimo voluto che andasse, l'harebbero potuto mandare eglino:
però bisogna aspettare uno che
venga costì a dirittura.

Se altro non innuova, me n'andrò con li altri che son qui a Di-
giuno ove come ho detto si è deliberato fare i negotii, a'quali per
dare ricapito alle cose delli amici
mi è forza trovare se ci sono da
cinque giornate e più, e essendo
li mia negozii come sai pochissimi,
spenderò assai più nel viaggio che

io non guadagnerò di provisione.
Seguita pure di scrivermi qui adi-
rizando il pacchetto a Alessandro
et Luigi Capponi ec. o chi per loro
in Ciamberì come di sopra ho detto,
facendo avertire il corriero che le
lettere che sono adiritte qui non
le porti a Lione ma le lasci qui,
et a cotesto vostro maestro dite
che non le voglia fare andare a
Lione con adirizarle al M.o di là
perchè elle hanno poi a essere ri-
mandate qui, e ne va male oltra
che sono aperte et lette a Lione,
e chi è qui non vuole che i casi
sua siano visti da quei che coman-
dano hoggi di Lione, nè più per
questa, attendi a star sano et scrivi.
Christo con teco.

Il tuo fratello LUCANT.O
in Ciamberi.

FRANCESCO RIDOLFI

~~~~

Queste lettere hanno una tale impronta di naturalezza, e di giocosa famigliarità, che si fanno leggere con diletto non ostante la poca importanza delle materie.

I.

(L. C.)

Al Molto Mag.co M. Gio. Francesco di Lodovico Ridolfi ecc. in Roma.

Mag.co m. Gio. Francesco. Voi forse vi maraviglierete dell' havere io tanto indugiato a rispondere a dua vostre, ma scusandomi poi per le ragioni ch' io li dirò, la maraviglia andrà in bordello. Voi havete dunque a sapere che ritrovandomi io fuor della città, non ho possuto satisfare all' obbligo, et me ne duole assaissimo, et ancor credo che voi come persona ragionevole accetterete le mie scuse, perchè quello

che non si può non si debbe mai
volere in nessun modo. Io hora
sono in Firenze et son tutto vostro
et sfaccendatissimo, si che se voi
havessi niente da darmi che fare,
sarebbe un opera santa: altro non
li posso dire intorno a questo. Io
vorrei pur sapere dopo parecchi
mesi quello che fate, et che vita
è la vostra, et in quello che date;
imperò se non v' è fastidio il dirlo-
mi, sarà favore grandissimo. Voi
non mi dareste mai nuove nessuna
di cotesta città, tal ch' io comincio
a pensare che le nuove di qua non
vi diletterebbero, caso ch' io ve
n' avvisassi. Io son vostro, et di
nuovo vi torno a dire che se un
povero furfantone par mio è buono
a niente, che ne facciate capitale
nelle vostre occorrentie. Ser Michele da Careggi vi si raccomanda
tanto tanto, et è ancor lui tutto
vostro et dice che voi lo raccomandiate a Mad.a Portia vostra madre,
ed il medesimo dico io. Vorrei qui
finire, et ne ho gran voglia et non
me la vo patire in nessun modo, si
che fatevi con Dio.

Di Firenze il di 4 di gennaio 1577.

A servitii vostri

F. R.

II.

(L. C.)

Al medesimo

Molto Mag.co Sig.r mio. — Io vi ringratio assaissimo delle nuove datemi et in quello scambio li dirò questa non punto migliore di quella di m. Giovanni. Mercoledì mattina fu tagliato la testa a Camillo Martelli et di poi furno allargati Paolin Tolomei l' huomo d' arme da Diacceto et Ugucion Capponi et messi in cameraccia, et s' aspetta che gli eschino o confinati, o liberi affatto. Del Caval. Busini non se n' intende nulla e si debbe trovare ancora in secrete. Questo è quanto c'è da dire intorno a questo caso. Mi rallegro che voi torniate questa primavera tanto tanto. Quaggiù s' attende a fare al calcio, altro non si fa nè si farà per questo carnovale. Ho fatto le raccomandationi a quel Prete. Quanto al tenervi in gratia di quelle buone persone io sono imbarbogito, non ne veggo quasi mai, a tale ch'io non potrò fare quello che mi dite.

Io sto benissimo e mi raccomando a voi assaissimo. Dlo vi stracontenti.
Di Firenze il dì 16 di gennaio 1577.
A comandi vostri

F. R.

III.

(L. C.)

Al medesimo

Molto Mag.co Sig. mio. — Il calcio come li scrissi la settimana passata si fece e riuscì benissimo et senza alfieri. Mi rallegro che facciate tempone col veder correre di molti pali, et m' immagino poi che hora io vi sento dire che si corrono, che voi siate discostissimo alla quaresima, andandomene dietro a un buon vivere che qua si corrono di un tempo, se io pur mi ricordo bene, molto lontano da essa. Hora io credo finalmente havere a risolvermi di venire a vivere in cotesto paese: intanto potrei scamparla con lo starvi qualche poco tempo. Avvisatemi il parer vostro, che secondo che mi direte farò attenendomi sempre al giuditio de' mia maggiori, come si conviene et come è il mio debito. Io sto benissimo, et non vi voglio più ricordare che mi comandiate niente, sapendo che non volete farlo. Dio vi contenti.

Di Firenze alli 15 di febb. 77.

A servitii di voi sempre

F. R.

IV.

(L. C.)

Al medesimo

Molto Mag.co Sig. Ridolfi. — Leggetela tutta, rispondete, et donatela al fuoco.

La lettera che mi mandasti a questi giorni come io vi scrissi, la mandai per non gne ne poter dare io, in modo che harete hauta al parer mio la risposta, et per esser tornato io ieri non l'ho possuto trovare ancor ch'io n'habbia assai cerco, a tale ch'io non posso darvi nuova del seguito per questa mia, ma forse per lo strasordinario gne ne avviserò. Io non vi starò più a ricordare di quello ch'io v'ho tante volte scritto, perchè mi credo che siate uscito d'obbligo. Mi rallegro

assai havendo inteso i passatempi
vostri, che in verità mi paiono ho-
nestissimi et atti a conservarvi la
sanità et certo sono da ogni vero
gentiluomo. M. Michele è stato in
villa mia parecchi giorni, et hora
ce ne siamo tornati dove ci stare-
mo un poco soltanto, essendo vicini
i pali dove a nessun modo non bisogna stare di fuora, che sarebbe
troppo gran fallo. Io voglio che voi
v' immaginiate ch' io mi darei et mi
piglierei un tempo che forse vi sa-
prebbe male di non essere in Firenze caso ch' io fussi lasciato fare,
et questo voglio che me lo crediate.
Farò l' ufitio con quello sposo che
dite, hora che son tornato. Quel
rozzo e rustico finalmente è tornato, ma ancora n' è tornato un
altro ch' io non ve lo so dimostrare con parole che non è meno
garbato e virtuoso di questo rozzo,
e certo se ve ne ricordassi di questo
tale, perchè so che lo conosciete,
concorreresti meco *in eadem sententia*, et mi duole di non ve lo
saper dimostrare. Altro non vi vo
dire di questo ch' il cuor mi brilla
e par che gl' esca fuore: mi sa mill-
anni che queste processioni comin-

cino, che essendo io diventato buono christiano (ancorchè io sia stato sempre) odo un po' più ch' io non soleva e messe e vespri; ma non sono anco tanto infervorato ch' io non vadi a feste et a veder correr pali, et a rallegrarmi ancora io come fanno gli altri et usan fare. Vi vo pregare a raccomandarmi a m. Girolamo Guicciardini, perchè vedendolo io sì di rado crederò che gl' harà prima le vostre lettere ch' io le vegga, essendo egli tanto occupato nello studio delle buone lettere.

M. Lorenzone fra li huomini savi e dotti è in grande espettatione, però ve n' avviso perchè sapendo voi essere suo intimo amico, ve lo scrivo adunque acciochè ne pigliate gaudio che so certo sarà non piccolo. M' ero scordato di dirvi come m. Michele vostro affettionato tanto tanto vorrebbe che voi lo favorissi di un paio di guanti, e mi ha detto che li vorrebbe buoni che li ha a donare, et vorrebbeli con quelli nastri gialli e turchini, et li vorrebbe buoni et quanto prima, et che gne ne mandiate a ogni modo: tali sono state le sue parole, et si scusa che

non vi ha scritto per non vi dare
tanto fastidio havendogli voi hauto
poi a rispondere, parendogli havervene dato troppo col farvi procac-
ciare i guanti. Divina intellettiva
che ha questo prete (Dio gne ne
mantenga) a parer mio. Io quì farò
fine parendomi haver detto troppo,
et s' io v' havessi troppo infastidito
col mio dire, perdonatemi. Io son
tutto vostro. Dio vi dia ogni contento.

Di Firenze il dì ..... di marzo 1577.

V. Aff.o

F. R.

Donatela al fuoco.

V.

(L. C.)

Al medesimo

Mag.co m. Gio. Francesco. — A
giorni passati vi scrissi una lettera
per la quale vi ringratiai de' guanti
che non credo l' habbiate hauta non
havendo hauto io risposta. Io essendo stato non so che giorni in
villa non ho niente che scrivervi
di nuovo: imperò farò fine dicen-

dovi come io son tutto vostro, et
vi esorto a non vi voler troppo af-
faticare per molte cause che io innanzi che partissi vi avvisai. Ri-
cordovi a uscir d'obbligo con quel
nostro parente (se non ne siate
uscito) et mandatelo tale quale lo
merita. Nè mi occorrendo altro
farò fine. Dio vi contenti.
Il dì 20 di aprile 1577.

V.o

F. R.

VI.

(L. C.)

Al medesimo

Molto Mag.co m. Gio. Francesco.
Il tenore della penultima lettera che
mi scrivesti era, se ben mi ricordo,
questo che io quando rivedevo di
quelle gole bianche io non ve li
raccomandassi, et non mi dicesti
quello haveva a dire, in modo che
ritrovandomi io alle volte dove ne
era non ho fatto quello mi scrivesti, et questo è restato da non sapere l'animo vostro, imperò avvisatemi tutto quel che voi volete

ch' io dica et io ne farò servizio. L' ultima lettera vostra mi pare che dica ch' io non ho hauto una vostra quale mi havete scritta che ne duole assai, ma ben potrei non la potere hauta per la ragion ch'io vi mostrai a questi giorni. Io vo, sto, e torno di Firenze in villa ogni dì duo o tre volte et il bel tempo l' ò come io me lo piglio, et mi duole che non ci possiate essere ancor voi che un pochetto alquanto sarebbe più bello. Voi mi dite che volete indugiare a solvere l' obbligo che havete con quello vostro cugino al vostro ritorno: dunque il vostro ritorno sarà veloce al parlar vostro, ma io non credo che gli habbia esser tanto veloce che non vi sia tardo, imperò avvisatemi m. Gio. mio quando tornate che mi farete servitio. Io farò fine quì, ma non crediate già che non mi occorra altro che tutto sarebbe falsa (*sic*) ma per la strettezza del foglio et per il poco tempo farò fine, pregando nostro S. Dio che vi riconduca sano al vostro hospitio.

Di casa il dì 4 di maggio 1577.

V. Aff.o

F. R.

VII.

(L. C.)

Al medesimo

Mi scrivete che costà si è fatto grande allegrezza del figliuolo mastio che ha hauto S. A. et che credete che qua si faccia di molte feste, io li rispondo che qua si fa gran festa per i bricconi, altro non si sente per hora. Mi scrivete ancora che state bene, il che ancora a me fa di bisogno, et per questa ve ne fo certo. Ancora mi scrivete che non havete lettere mie è già passato dua settimane, della qual cosa mi maraviglio assai, non havendo mai lasciato indreto sabato ch' io non vi avvisassi del mio essere, ma credo indovinarmi la causa et credo che sia questa, che qualche persona idiota sapendo di che autorità sono i mia scritti, et come accomodatamente distendo le clausole et metto in carta, si riserbi queste mie come per innanzi, et credo che questo ch' io vi scrivo sia verissimo. Io da un canto non me ne curo, ma vorrei ben sapere che persone son queste che vengono a ritenere le nostre lettere, perchè al certo ne farei tal dimostrazione che forse sarebbono esempio a tutto il mondo; ma io m' aveggio che ragionando di questo mi vengo a discostare dalla tema principale. Io finalmente come vi ho detto di sopra ogni sabato vi ho scritto: ma che ci posso fare io se questi tali le vengono a ritenere? ma io credo bene che se assorta riterranno questa, non ne caveranno troppe cose che siano da imburchiare, et questo l' ho fatto a posta. Da qui innanzi manderò le mie in casa vostra acciocchè vadino più secure, ancor che come v' ho detto, in questa non ci ho usato parola che non l' usi ogni ignorante, et non li havendo dato ancora principio, nè mezzo, nè fine, con tutto ciò mi dorrebbe che vedessino questo modo di scrivere capriccioso. Vorrei sapere quando credete tornare, imperò avvisatemelo. Quel prete che è detto m. Michele è capitato qui a sorta e vi bacia le mani. Io non ci ho usato diligentia troppo nell' andar di diritto come potrete vedere se considererete bene, son certo che se non ve l' avviseranno non l' haresti visto. Vorrei mi avvisassi a che cosa attendete costassù, se fate niente all'amore perchè io quaggiù sto imbizzarrito: nè lo direi, ma lo sapresti poi et io non voglio. Vi vo pregare che vogliate stracciarla subito, perchè non volendo m' è scappucciato non so che che non è se non tuono, imperò stracciatela, ma rispondete prima Molto Mag.co m. Gio. Francesco.

Mi ero scordato dirvi come vorrei che scrivessi una lettera a Giovannino Carucci et fussi drento a modo di supplica, perchè a questi giorni andando con il vostro cugino Iac. in villa di Polito Buondelmonti, lo fecciono Re et lo vestirno et messongli la corona in capo, che voi non pensassi in piede, et lo messono pro tribunali, a tale che li pareva essere un pazo cittadino, pure tutto faceva per lo meglio. Mostrate di non sapere niente di questo, ma scrivetegli una lettera come se havessi a scrivere a un re, et chiedetegli qualche gratia, et includetela nella mia, et io mostrando di non

ne sapere niente, gne ne darò et lui
si sbigottirà che tal cosa voi costassù l' habbiate a sapere, et ne
piglieremo un po' di spasso. Di gratia se non vi parrà fatica fatelo.
Io se non vi paressi che havessi
ciarlato abastanza avvisalo perchè
cercherò un' altra volta di dir un
po' più. Nè mi occorrendo altro farò
fine. Dio vi contenti.

Di Firenze, maggio il dì primo,
anzi di giugno 1577.

Son tutto vostro

F. R.

VIII.

(L. C.)

Al medesimo.

Molto Mag.co sig. Ridolfi. Io ritrovandomi in villa hebbi una vostra nella quale vi era l' inclusa indiritta al Serenissimo, (1) et ne feci
servitio perchè non potendognene
dare io, la mandai per uno delli
fedeli miei. Io tengo quasi per
fermo che di quello che voi chie-

---

(1) Vedi la lettera precedente.

dete in gratia l'otterrete, perchè si
vede già che la mente di sua Maestà è benignissima, et non è niente
insuperbita per essere asceso a tal
dignità; pure li principi son ca-
pricciosissimi et dificilmente si può
conoscere l'animo loro. Io farò le
raccomandationi a quel messere
come prima lo veggo. Ho grandemente caro che attendiate al banco
che poi che se nel giuoco, ballare.
Veggo che vorresti sapere che biz-
zaria ho nella testa: ma che credete
sia amore, io li rispondo: s'amor
non è che dunque è quel ch'io
sento? Ma s'egli è amore l'è una
paza incannata, e paza bene. Altro
non li vo dire delle mia fatiche
che sarebbe un rinovellare il mio
dolore oontandogliene, et questo
viene per non mi essere riscontrato:
et per non infastidirvi più farò fine,
pregandovi che mi tenghiate in
buona gratia vostra, come io farò
in quella del Serenissimo voi, ancor che poco bisogno ve ne sia. Dio
vi feliciti. Di Villa il dì... di Giugno 1577.

A servitii vostri

F. R.

IX.

(L. C.)

Al medesimo

Molto Mag.co m. Gio. Francesco. Io a questi giorni vi scrissi una lettera quale non credo habbiate hauta, poichè non li havete dato risposta : honne riceuta bene in risposta della penultima per la quale mi dite che vedete insino di costassù l'animo mio. Quanto a feste quaggiù non si fa niente, et le cose passano pianamente. Non vi scordate di gratia dell'obbligo che havete. Vorrei intendere ancora che passatempi sono i vostri e quello che fate. Io mi do ad intendere che se l'aria comincia niente a riscaldare vi habbiate a ricordare di Firenze. Ser Michele è tutto vostro e dice che vorrebbe mi scrivessi più a lungo, della qual cosa vi conforto ancora io a farlo. M. Lorenzone mi baciò le mani a questi giorni con tant'impeto e furia ch'io restai in su quel subito mezzo morto, che essendo 24 hore e vedendo venire alla volta mia costui tanto in-

furiato, mi pensai che fussi qualcuno
che mi volessi più tosto far dispiacere che altro in su quell' hora. Ma
ritornando in me e riconosciutolo,
li feci le debite accoglienze quali si
dovevano fare a par suo, et subito
lasciatomi mi sparì dinanzi in un
momento. Crederò che habbiate inteso come m. Matteo dell' Albizi
tolse per moglie la sorella del Ca-
pitan Niccolò Strozi, et così in un
momento m. Federigo Strozi figliuolo di Lorenzo e fratello di Gio-
vanbattista e di Tommaso, ha tolto
per moglie la figliuola che fu di
Bernardo Strozi et sorella di Agnolo
con fiorini cinque mila per dirvelo
all'antica et per compitarla, imperò
se non l'havete inteso lo intenderete. Quaggiù è parecchi giorni che
si cominciò andare all'acqua, ma
ma ma non è ancor naturale, pure
chi n'ha voglia vi può ire, eccet-
tuandone voi che se bene n'harete
voglia non credo che stando in
Roma vi possiate bagnare in Firenze,
cioè in Arno. Io domattina che sarà
domenica andrò un po' in villa e
starovvi dua o tre dì il più lungo,
perchè non ci essendo quel conta-
dino rozzo e rustico starò un po' in

villa, In tanto tornerà et ancora io
ritornerò. In quella ultima lettera
cb'io vi scrissi vi detti ancora io
nuove di Giovanni Carucci, ma se
non l'havete hauta non ci posso
fare altro, e parendomi d'havere
scritto a bastanza farò fine, pregando N. S. D. vi conceda quello
che desiderate. Di Firenze il dì 8
Giugno 1577.

Vostro

F. R.

X.

(L. C.)

Al medesimo.

Molto Mag.co m. Gio. Francesco.
Ricevei con una amorevolissima
vostra i guanti di m. Michele quali
non son buoni per l'effetto che lui
se ne voleva servire, ma con tutto
ciò lui vi ringratia assaissimo. Io
in su quelle parole che havete scritte
dicendo, io pensava che se ne volesse servire per una femina, voglio
fare un po' d'interrogativa e dirvi,
pensate voi forse che i preti solamente di costà attendino all'O. et
sien soli loro, messer no, che an-

cor questi ci attendono e s' aiutano
quanto possono con tutto che possino menare a essere et cetera. O
siatevi sì tosto sdimenticato di Firenze? M. Michele per dirvela non
li voleva per una femmina, ma li
voleva per un suo nipote, sì che
quelli non sono in alcun modo al
proposito : pensate hor quello havete
a fare. Io non ne chiederò perchè
m' è stato detto che non ne volete
mandar dua paia, come mi scrivete;
se sarà il vero me ne chiarirò presto. Ringratiovi della raccomandatione havete fatta per me a m. Girolamo. Io uon sto nè ben nè male,
ma come io mi stia, in questo stato
io sono huomo per voi. Ma mi pare
ben esser buono a poche cose da
poi che in tanto tempo non m'havete comandato niente, sono quaggiù sfacciendato, e chi mi dà faccenda mi sciopera. Altro non vi
dirò se non che martedì mattina il
Sig. Marcantonio Cavallerizo del
Gran Duca delle stalle, fu amma-
zato da un certo giovane figliuolo
di quello mastro Stefano cieco da
un ochio che cavalcava i cavalli
del Gran Duca, e da quello rais
stiavo che menava sempre seco, et

questi dua furno presi nello stato di Vernio per commissione del Gran Duca e menati prigioni in Firenze. Questo vi dico perchè in questo tempo che leggerete questa mia un po' lunghetta, verrete a levarvi dallo scriver lettere et altre faccende più noiose che questa al creder mio. Furno menali prigioni e stamattina impiccati. Nè altro per questa, a voi mi raccomando. Dio vi contenti. Di Firenze il dì 6 di luglio 1577.

A servitii vostri

F. R.

XI.

(L. C.)

Al medesimo.

Molto Mag.co m. Gio. Francesco. Credomi che non habbiate da un pezo in qua riceute mie lettere, con tutto che io vi habbia scritto ogni otto giorni, poi che non ho riauto da un pezzo in qua alcuna vostra. Finalmente io mi sono incapato che l'habbiate in ogni modo, et che mi possiate rispondere mandandole ne' Capponi che son certo che il sig. Andrea Alamanni ne farà servitio

straordinario per compiacere a voi
et a me insieme, così la signoria
vostra potrà fare il simile indiriz-
zandole al detto signore che *statim*
me le darà, et in questo modo io
vi potrò scrivere et l' harete, et
voi rispondermi, et io riscrivervi,
et voi rispondermi et vattene là.
Pregovi adunque a cominciare la
demonstrata via col rispondermi di
quella altra settimana o qnando
parrà a voi. Io sto benissimo et
son in Firenze al servigio suo sempre, et se di niente havete bisogno
procacciatevi.

Voi debbiate sapere come 18 mesi
fa o du' anni in circa, m. Agnolo
Strozzi quel vostro amico hebbe
una sorellina intorno a quelle du'
altre che egli haveva, et quando
la meschina nacque credo pur che
sentissi dire che fu per il dolore
per impazzare, n'è vero, vo lo sen-
tisti dire, io lo so, voi non lo potete negare. Voi mi direte forse,
orsù sollo, ma per questo che vuoi
tu dire uscianne, finianla: vi rispondo che la meschinella havendola a questi giorni sua madre in
collo, che mai la soleva pigliare, et
essendo a una finestra che riesce

in su la lor corte, li dovette cascare
o cadere o uscir di mano, tanto che
la si trovò la povera bimba *in cor-*
tilem et statim obiit. Se vi pare
che le avventure li corran dietro
voi lo vedete in sin di costassù. A
me parrebbe che voi li scrivessi
una lettera et vi rallegrassi seco,
come a bocca feci io. Voi mi farete
servitio a raccomandarmi assai a
Mad.a Portia vostra madre, et se
non lo sa, dirli come è ito la bisogna. Dio vi contenti. Di Firenze il
dì 2 di novembre 1577.

V.o Aff.

F. R.

XII.

(L. C.)

Al medesimo.

Molto Mag.co Sig. Gio. Francesco.
Io non posso negare e nol niego,
ch'io non habbia riceuta una sua
de 12 d'agosto (con´dua par di
guanti) a me gratissima, alla quale
la settimana passata detti risposta
et la mandai a un banco che se
non ita male, credo certo che li
capiterà nelle mani. V. S. dunque
se l'ha hauta intenderà come ero

in procinto di andare in villa, et
in questa li dirò il medesimo, ma
prima di rispondere alla sua ultima
nella quale mi dice meravigliarsi
molto della mia pigritia nello scrivere; ma perdonatemi Sig. mio che
la ragion ch'ogni buon'alma affre-
na, spesso si trova vinta dal volere
et tal hor mi mena in parte ov'io
per forza il sego, ma li dirò bene
che egli non mi potrà mai condurr'a
tale ch'io non resti come sempre
stato sono purissimo; imperò se io
li parrò poco importuno nello scrivere per tal causa V. S. mi perdoni
et prego quel che col ciglio muove
il tutto, mi scusi appo voi se alle
volte con troppa piena fede dal
dritto mio pensier mi piego. Io non
vo' già mancare di quello ch'io li
havevo promesso di dirli come di
qui a un'hora per la loro cortesia
m. Girolamo Guicciardini e m. Andrea Alamanni con uno Agnolo senza
l'ali vengono in villa nosco. Altro
non li dirò pregandola bene a te-
nermi come è per suo solito in gratia sua, et di cuore me li offero
pronto a tutti li sua comandi. Dio
vi contenti. Di Firenze il dì 7 di
settembre 1577.

V.O F. R.

BERARDINO ROTA

~~~~~

Tanto sono rare le lettere di questo gentile poeta napolitano, che ci siamo indotti a pubblicarne questa sebbene soltanto firmata da lui, colla quale accompagna un sonetto a Vespasiano Gonzaga duca di Sabbioneta per consolarlo nella morte della moglie. Passava tra essi ottima relazione, e un sonetto di Vespasiano colla risposta del Rota è inserito tra le rime di questo (Napoli 1775) come pure una lettera del medesimo Vespasiano al Rota si legge nelle Raccolte del Pino e del Zucchi. Berardino, se non il primo in ordine di tempo a comporre poesie pescatorie, come fu lungamente creduto, fu senza contrasto il primo in ragione di merito.

(L. C.)

All' Ill.mo Sig. il S.r Vespasiano Gonzaga Sig. mio molto oss.mo

Ill.mo Sig. mio oss.mo. Già che mi truovo haver risposto alla lettera di V. S. Ill.ma tutta piena d'affetto et di cortesia, et dolutomi et ramaricatomi con lei della gran iattura fatta da tutti con la partenza

di quell' anima bella et benedetta,
ho voluto ora consolarla con questi quattordici versi male aggarbati
et sconci, così come me li ha det-
tati il dolore et la voluntà ardentis-
sima ch'io ho che quella si racquete
et si tranquille amandola et osser-
vandola io tanto quanto l'amo et
osservo. Ne tacerò la gran forza
della mia amorevolezza et molta
affettione, poichè havendomi levati
gran tempo è questi ferri di mano
già rugginosi et rintuzzati, gli
habbia pure ripresi così come le
molte occupationi et la gotta mi
hanno permesso. Resta che V. S.
Ill.ma si ricorde di comandarmi,
et conservarmi vivo nella sua memoria, et basciandole con ogni reverenza la mano, le priego quella
consolatione et quella medicina che
richiede la sua mortale et acerbis-
sima ferita. Di Napoli IX di Agosto
LXVIJ.

*S.tor di V. S. Ill.ma affettio-
natissimo*

BER.NO ROTA·

La gotta fin qui non vuole ch'io
scriva di man mia.

GIROLAMO RUSCELLI

Compilatore, commentatore, racco-
glitore, correttore di testi e di stampe,
gran faccendiere letterario, prodigo della roba altrui più che della propria,
dalla nativa Viterbo tramutossi a Roma,
poscia a Venezia dove passò la vita fra
libri e librai, addetto particolarmente
alla stamperia del Valgrisi cho non gli
lasciava riposo. Sebbene non riescisse in
alcuna cosa eccellente, nè lo si possa
lodare di accuratezza nelle sue edizioni,
e di sicuro giudizio nelle materie della
lingua nelle quali si volle impacciare;
pure egli fu per molte ragioni beneme-
rito della italiana letteratura e sempre
sarà ricordata con onore la Raccolta
da lui immaginata e incominciata delle
Lettere di Principi, « egregio esempio,
disse il Giordani, di abilità e dignità
italiana nel maneggio e nella esposi-
zione dei grandi negozi. » L'edizione
dell' *Orlando furioso* da lui pubblicata
nel 1556 con tavole disegnate dal Dosso,
lo pose in relazione col Principe Alfonso d'Este cui l'aveva intitolata. Il quale
divenuto duca di Ferrara affidò al Ruscelli la cura di provvedergli libri e
codici e di comporre non sappiamo quali
scritture, assegnandogli a questo intento provvisione di 300 scudi l'anno, come
risulta dal seguente ordine dirizzato dai

medesimo ai Fattori generali il 25 luglio 1562. « Perchè il S.r Giroiamo Ruscelli ha preso cura di fare diverse compilationi per noi et d'impiegare l'opera sua in alcune cose pertinenti alla nostra libreria, oltre al desiderio ch'era prima in noi di sovvenirlo ne' suoi honorati studi, gli constituiamo per questo effetto trecento scudi l'anno di provvisione, la quale vogliamo che gli diate ordinariamente, fin tanto che non habbiate nostra commissione in contrario. » La lettera del Ruscelli che qui viene in luce, dimostra come egli con la rivelazione di pericoli probabilmente supposti che sovrastavano al Duca, intendesse corrispondere all'obbligo di gratitudine per la pensione ottenuta, e per la protezione accordata. Egli morì in Venezia l'anno successivo.

(ARCHIVIO ESTENSE).

All' Ill.mo et Ecc.mo S.r mio et Pro.ne Oss.mo il S.r Duca di Ferrara.

In man propria.

Ill.mo et Ecc.mo Sig.r et Pron mio sempre Oss.mo.

Da già due anni, un forestiero amico mio mi disse che nel medesimo alloggiamento seco era un'Alessandro da Cento, il quale havea conferito con lui d'esser qui per offerire un ricordo che in ogni occasion di guerra con Ferrara, potrebbono quaranta o cinquanta soldati in una notte ridur la città in modo, che si ritroverebbe priva della maggiore et più importante difesa sua. Può V. E. considerare, se in tal occasione io andassi pigro in usare ogni diligenza, per intendere quel che ciò fosse. Ma non mi essendo mai stato possibile con alcuna via di condurlo a ragionar meco, nè di farli cavar di bocca parola alcuna, tenni modo, che quel suo et mio amico l'ammonisse dell'importanza del pericolo al quale manifestissimamente s'esponeva col solamente parlar di tal cosa, non che volerla mandare avanti. Tal che essendo in quei giorni tornato di Spagna il S.r Principe di Fiorenza, l'amico mi venne a dire che colui se n'era partito la sera avanti improvisamente, dicendo a lui come in secreto, che andava a Roma facendo la via di Fiorenza. Io con promettere a quel mio amico che questa potrebbe esser l'esaltation sua, et con altre persuasioni, et qualc' altra cosa, l'indussi ad andargli appresso con qualche sua colorata scusa, et osservare i progressi suoi, et tenermene raguagliato. Otto o dieci giorni doppo la partita sua, mi scrisse d'averlo ritrovato in Bologna, et che era seco, et lo seguirebbe a Roma et per tutto finchè ne conseguisse l'intento suo.

Ma non avendo dappoi avutene più nuova alcuna ho stimato, o che fosser mal capitati, o che l'uno et l'altro fosse mariolo. Il mese passato, un Fra Giovanni Manta Bresciano, persona di bellissime lettere et mio grande amico essendo per andar a Napoli, disse in ragionamenti di cose diverse, che il carneval passato avea conosciuto in Siena un Bolognese che avea nome Alessandro, il quale gli havea comunicato che egli avea modo di farsi grande, ma non sapea come assicurarsi della sua vita con quel Principe stesso, a chi egli si dichiarasse. Et che finalmente disse al Frate come un suo zio era stato molti anni a i servitij dei Duchi di Mantua et egli, il nepote, avea studiato in Ferrara et era spessissimo

col zio a caccia et a stantiar giorni
et mesi, principalmente in Ostia (1)
dove il zio avea maneggio continuo o governo o che altro fosse.
Et per essere il zio persona di molto
giudizio et di studij et principalmente d'ingegni et d'architettura,
aveva conosciuto et pienamente
s'era certificato che il livello del
paese a man destra d'Ostia, è molto più basso, che il letto del Po per
la strada che ora tiene per venir
a Ferrara. Et che fra l'argine destro del Po in quel luogo, et il
paese più basso non è tanto terreno che in una notte 20, o 30 huomini non lo tagliassero et egli par-
ticclarmente vi aveva alcune ma-
chine et ingegni da farlo con maravigliosa facilià et prestezza. Onde,
fatto quel taglio, Ferrara si ritro-
vava subito in secco et non basteria
poi mezza Italia a riserar quel luogo, massimamente avendo nemici
attorno che s'opponessero. Io in
quanto all'huomo ho pensato, che
facilmente potrebbe essere quel medesimo che era qui, se ben variava
di patria tra Cento et Bologna, et

(1) Ostiglia, paese in riva al Po.

in quanto alla cosa l'ho tenuta per
redicola et però, avendo ben posto
in molto spavento il Frate a non
ragionarne mai più, per ogni rispetto, non ne ho poi voluto fare
altro motto a V.ra E.a; ma ora che
qui et per tutto si è sparso, che
non s'attende da alcuni gran Principi a far' altro che provisione di
canavacci per far un sacco capace
di tutto lo stato di V. E.a ho voluto che queste due ridicole occasioni
mi servano a farle riverenza con
questa mia, come gliela fo ad ogni
hora con tutto l'animo. Et son ben
certissimo che ella si tenga sicura,
che se nelle cose minime io non
manco di quella diligenza, che a
me è debita per tante vie, molto
meno vi mancherò in ogni tempo
in quelle, che mi si potessero offerire importanti, se ben vi andasse
grandissimo rischio del sangue mio,
et un giorno conoscerà con gli effetti, la gran forza di quella suprema devotione ch'io come fatalmente
l'ho avuta tant'anni prima, che la
conoscessi se non per nome et che
poi dall' infinita benignità sua s' è
venuta tanto crescendo, che io non
ho forse maggior consolatione nel

viver mio che il pensar in lei, et nodrirmi delle speranze, che io mi vengo tuttavia fabbricando al mio desiderio.

Da qualche persona di molta stima ho inteso, come in Bologna è stato ritenuto, o chiamato un Conte Ranuccio sotto color d'imputatione d'Vgonotto, ma che in effetto è per certezza avuta, che egli teneva maneggio secreto col Sig.r Corneglio Bentivoglio. Il che ancora io non ho dubbio, che a V. E.a debbia esser notissimo. Tuttavia a i Principi è sempre molto meglio aver molti avisi superflui, che mancar'alle volte d'uno importante per qualche via.

Questi giorni adietro, quando fu bruciato quel poverello Colantonio da Lecce o Brindisi, io fra me stesso mi ricordai della divinità dell'ingegno di V.ra E.a la quale quando io fui in Ferrara gli predisse quasi un tal fine, et io qui non restai di dirglielo. Il che se non servì a lui servì tuttavia a me molto, per distoglierlo dal praticar nella casa mia, et sopra tutto dall'usar il nome et la testimonianza di V.ra E.a come prima faceva con ciascheduno. N.ro S.re Iddio, che è la con-

tinua oration mia, si degni di veri-
ficar nella persona et fortuna di
V.ra E.a i miei fermi augurij, et a
me dar gratia di così servirla come desidero, et come son' obbligatissimo per tante vie.

Di Venetia il dì 19 di Maggio 65
Di V. Ill.ma et Ecc.ma S.ria

Vmilissimo et Obligatissimo
Servitore

GIROLAMO RUSCELLI

BERNARDO SEGNI

Queste undici lettere gettate giù senza studio e alquanto scorrettamente, sono pregevoli di concisione e nell'ultima è notevole la semplice ed efficace manifestazione del dolore per la morte di un figliuolo dell'autore. « Il Segni, scrive il Giordani, mi piace assai; gran galantuomo; e c'è anche da imparare per lo scrivere ». Il Foscolo assegnava alla sua storia fiorentina il primo luogo dopo quelle del Macchiavelli e del Guicciardini, aggiugnendo che è più esatta dell'una e più veritiera dell'altra; e che s'ei nello stile cede di energia e di profondità al Macchiavelli, avanza in naturalezza e sobrietà il Guicciardini. La quale storia, nobilissimo esempio di scrittura sciolta e corretta ad un tempo, rimase sconosciuta finché visse l'autore e fu pubblicata la prima volta nel 1713 insieme colla vita di Nicolò Capponi.

I.

(AUTOGR. CAMPORI)

Al molto suo hon.do cognato Lodovico Ridolfi in Firenze.

Cognato hon.do. Doppo l'essermi scusato con V. S. dell'esservi im-

portuno vi pregho mi vogliate si-
gnificare se una lettera scritta a
Filippo del Migliore a Pisa hebbe
ricapito per le man vostre, la quale
vi mandai ultimamente pel M.ro:
et perchè e' m'importa che Filippo
l'habbia, però desidererei, scrivendo V. S. a Pisa, facessi d'haver
risposta da vostri se ella gli si stata
data et habbiate patienza et mi vi
raccomando, che Dio vi guardi. Di Voltera alli 30 di novembre MDXLVIIIJ.

Se V. S. sapesse se Filippo per
sorte fusse tornato, vi piacerà darmene aviso.

S. V.

BERNARDO SEGNI.

II.

(L. C.)

Al medesimo.

Cognato hon.do. Come forse havete veduto n'ho rimandato il ca-
novaio et vi vorrei preghare in
summa gratia dessi commissione a
qualche servitori de vostri che me
trovassino uno et basterebbe che
non fusse ladro et fusse uso a far

qual cosa, et mandarmelo che ne
harò obligo, et mi vi raccomando
che Dio vi guardi. Di Volterra alli
XXIIJ di marzo MDL.

III.

(L. c.)

Al medesimo.

Hon.do cognato. Non m'occorre
per hora altro dirvi che 'l nostro
buono essere, et che la stanza ci
sodisfa ragionevolmente se bene
siamo non molto agiati in casa et
in habitation maninchonicha, pure
per altro stiamo bene, et anche in
questo non patisco troppo. Se il
vetturale apportator di questa vi
chiedessi un mantellotto da cavalcare piaciavi di dire a Jacopino
che glie ne dia, et raccomandatemi
a vostra M., a Pierfilippo et a tutti,
che Dio vi guardi. Non vi ho detto
della stanza perchè e non ci sia un
sitto per V. S. quando ci venite ne
par dire il vero. Di Voltera alli VIIIJ
di settembre MDL.

IV.

(L. C.)

Al medesimo.

Cognato car.mo. Non ho altro da dirvi per questa mia se non che la Gostanza da 3 giorni in qua si sente alquanto di mala voglia. E il suo male di quelle febricette che ella suole havere che non mostrano malignità nè accidente alcuno cattivo e venghono ai 50 dì e terzane. Qui è un buon medico che ha cominciato a purgharla et speriam bene. Se altro occorrerà d'importante, che Dio ne guardi, ne farò avvisato subito. Et mi vi raccomando, che Dio vi guardi. Di Voltera alli XVII di settembre MDL.

V.

(L. C.)

Al medesimo.

Cognato hon.do. Per l'ultima vi scrissi del male della Gostanza il quale di poi è restato per gratia di Dio, et non ha più febre; ma ben seguitarà di purgharsi. Intendo che s'io mando per l'afare che l' harò, serbatemelo perchè quando harò persona fidata manderò per essa con havervene obligho. Vi piacerà di far dar l'inclusa et mi vi raccomando, che Dio vi guardi. Di Voltera alli 30 di settembre MDL.

VI.

(L. C.)

Al medesimo.

Mag.co cognato car.mo. Per Jacopino nostro servitore vi rimetto il cavallo con suoi fornimenti quale mi ha servito molto bene, et perchè la Iddio gratia arrivammo qui hoggi a hore 22 tutti a salvamento. Però non lasciai partire Jacopino affinchè il cavallo si riposasse: per adesso non mi occorre altro se non raccomandarmi a tutti, che Iddio vi conservi. Da Volterra il dì p.o di settembre 1550.

VII.

(L. C.)

Al medesimo.

Cognato hon.do. Non mi occorre dirvi altro in risposta dell'ultima vostra se non che stiam sani: ho havuto piacere d'intendere che Ant.o Bruni si contenti di quel tempo. Se questa pasqua venite qua su, oltre al farmi piacere ci ingegneremo di intrattenervi con una caccia almeno, et mi vi raccomando. Salutate vostra madre per mia parte et gli altri vostri fratelli, et Dio vi guardi. Di Voltera alli XIJ di novembre MDL.

VIII.

(L. C.)

Al medesimo.

Mag.co Cognato. Ser Jacopo dalla Terina apportator di questa vi porta scudi 500 di moneta in scudi 452 d'oro taliani e 'l resto in moneta che fanno la somma detta, de' quali mi farete far creditore sul banco in un conto a parte per doversi dipositare sul monte della pietà a quel pregio et interesso che il monte ne dà in nome della Bartolomea figliuola di Benedetto Minucci et moglie di Bernardo del Bava quando alcuno de' suoi fratelli o loro mandato con mia lettera indiritta a voi

verrà costì per esser d'accordo con
gli ufficiali del monte per conto di
detto diposito il quale si fa per
commissione di Sua Ecc.za ha stare
nella forma che di sotto si dirà, se
già in questo mezzo non havessi
da Sua Ecc.za altro ordine.

La Bartolomea de Minucci de havere scudi 500 di lire 7 per scudo i
quali sono di sua dote et alimenti
aggiudicatigli pel Cap.o di Voltera
per commissione di Sua Ecc.za cioè
scudi 430 per conto di sue dote et
scudi 70 per conto di sua alimenti
di due anni stati fuor del marito,
i quali danari si deposita a . . . .
per cento l'anno per doversi re-
stituire ogni volta, et in ogni occasione che accadesse ristitutione
di dote o riconciliatione tra lei e
'l marito, che e' si dovesse resti-
tuirgli. Et tutto questo si faccia
con consentimento et in presenza
de' suoi fratelli o mandato d'essi
et in caso come io ho detto che in
questo mezzo non havessi da S.
Ecc.za ordine di fare altrimenti.
Et di questa briga che io vi do
habbiate patienza, et Dio vi guardi,
et mi vi raccumando. Di Voltera
alli XXX di Maggia MDLI.

'IX.

(L. C.)

Al medesimo.

Mag.co Cognato. Noi stiam sani per gratia di Dio eccetto Lorenzino che ecci ritornato alla solita febre. Noi ci starem quivi anchora un mese piacendo a Dio. Vi pregho a far dare l'inclusa. Et mi vi raccomando che Dio vi guardi. Di Volterra alli XVIIIJ d'agosto MDLI.

X.

(L. C.)

Al medesimo.

Mag.co Cognato. L'amico vostro sarà expedito per conto del suo credito come si possa prima, non si lascerà indietro cosa alcuna si possa a suo beneficio. Non vi maravigliate della resolution del tornar qui la Gostanza perchè a Pierfilippo ho scritto il tutto, et perchè mi son governato così ciò per giuchar il giuocho a rovescio da poi che e' si perde pel ritto. Vi ringrazio di Jacopino, et mi vi raccomando. Dio vi guardi. Di Volterra alli XIJ di Agosto MDLI.

XI.

(L. C.)

Alla sua car.ma consorte Gostanza Ridolfa de Segni in Firenze.

Dilettissima consorte. Venendo costi Bastiano potrai esser raguagliata da lui a bocca del tutto, et io non ti dirò altro per non potere scrivere in tanto mio dispiacere, il quale non potrà mai havere fine nè modo, se dal canto tuo non veggo porci termine. Dio sa el tutto, et facia di me quello che e' vuole perchè io non so dove mi sia pel dolore, et mi ti raccomando da cuore, preghando Dio ti dia patientia et miglior fortuna nel resto degli altri figliuoli. Dio ti guardi. Di Anghiari alli XXIJ d'ottobre MDLIJ.

L' infelice consorte
BERNARDO SEGNI.

FRANCESCO SERDONATI

Scrittore egregio e lodato di florida e purgata favella, non però tenuto nel debito conto dai contemporanei è neppure ascritto per quanto pare, alle accademie fiorentina e della Crusca alle quali appartennero tanti letterati assai meno valenti di lui. Nato in una villa del contado di Firenze, incominciò in essa l'esercizio dell'insegnamento che continuò successivamente in Firenze, in Padova, in Ragusa e in Roma dove probabilmente morì dopo il 1608. Il Serdonati si occupò più nel tradurre che nel comporre opere originali e ad una di queste, la vita di Innocenzo VIII, si riferisce la lettera negletta ad Alberico Cibo, della stessa famiglia di quel pontefice, la quale qui si mette in luce. La detta vita però rimase inedita e l'originale si conservò ignorato nell'Archivio di Massa per due secoli, finchè nei primi anni del presente, Stefano Ticozzi prefetto del dipartimento delle Alpi Apuane, nel lasciare l'ufficio se lo appropriò con altre scritture, e molti anni dopo, fattolo pubblicare in Milano, lo cedette alla Biblioteca di Brera. Non si conosce la cagione che rattenne il Principe dallo stampare questo lavoro composto a sua istigaziene e con notizie da lui stesso somministrate; ma noi crediamo di averla rinvenuta nell'anteriore lettera dello stesso Serdonati al Cibo, edita dal Parenti nella quale si scusa liberamente dal fare uso di quei ragguagli che si riferivano bensì ai predecessori, ma non avevano stretta relazione colla vita del Pontefice, o erano stati narrati da altri, o non posavano sopra sicuro fondamento. La qual cosa non poteva riescire gradita al Principe che ad esaltare l'antichità e la grandezza della sua casata, spendeva grosse somme ed era affacendatissimo nel carteggiare con letterati e genealogisti, per mantenerli devoti e riverenti alla memoria dei suoi antenati. Questo sappiamo con certezza, ch'egli affidò la stessa impresa a Francesco Maria Vialardi il quale avuto nelle mani il manoscritto del Serdonati, e fattone suo prò largamente, dopo la morte di costui, diede alle stampe in Venezia l'anno 1613 una vita d'Innocenzo VIII conforme alle viste di Alberico, alla quale aggiunse quelle di Bonifacio IX e del Cardinale Innocenzo Cibo.

(ARCHIVIO DI MASSA).

Ad Alberico Cibo Principe di Massa
Genova.

Ill.mo et Ecc.mo Sig.r mio sempre Col.mo. Già più mesi sono non ho scritto a V. Ecc. Ill.ma per non

m'essere occorso cosa di momento,
e con lettere scritte a voto non
volevo turbare le sue cure; ma ora
vengo a farle riverenza con la presente e frattanto a farli sapere due
cose. L'una che ho mostrato qui la
vita del Papa Innocenzio ad alcuni
valentuomini, i quali la lodano
grandemente, ma dicono che gli
parerebbe abbreviare un poco l'e-
numerazione dei personaggi di casa
Cibo, perchè non appartengono alla
vita del Papa se non di lontano, e
anco l'accoglienza di Principi ed
Ambasciatori venuti a lui e la venuta di Zizimo par loro che si venga troppo a particolari e che si
potesse stare più sul generale per
farla più breve, perchè queste cose
non sono essenziali della vita sua.
Ma però se ben vi si conservino,
non le dannano; ma gli piacerebbe
un poco più breve in queste due
cose e l'altre l'approvano e com-
mendano assai; e un galantuomo
letterato mi disse queste formali
parole: io sapeva in casa Cibo esser gran nobiltà, ma non mi per-
suadevo, che fosse tanta a gran
pezzo quanto per questa tua opera
si vede, che credeva che la fosse

'venuta in grandezza mediante Papa Innocenzio, e non prima. L'altra cosa che ho voluto farle sapere è, che ho veduto qui un libretto stampato in Napoli l'anno MDXCV intitolato Ragionamento di Tomaso Costo intorno alla descrizione del regno di Napoli e all'antichità di Pozzuolo di Scipione Mazzella, ove questo Costo riprende fra le altre cose il detto Mazzella per aver detto, che la famiglia Tommacella e Cibo sia la medesima e dice, che i Tommacelli lo negano. Però le mando qui la copia delle sue parole copiate da quel libro, acciocchè le vegga, e se le pare lo diremo in ogni modo nella vita; ma modestamente per modo di giudizio e non d'affermazione. E con questo le bacio le vesti. Di Roma addì 31 di Maggio 1601.

Di V. E.

Fedeliss. Ser.e

FRAN.CO SERDONATI

Il Vialardi mi ha chiesto la vita e l'instruzioni con quelle orazioni e la lettera di Montalto, et io glie n'ho accomodato. Di nuovo le bacio le vesti. Roma addì primo di Giugno 1601.

Um.mo FRAN.CO

Giureconsulto di grande riputazione
professò la sua scienza negli studi di
Siena, Pisa, Padova e Bologna. Nato in
Siena del 1482 morì in Bologna del 1556.

(AUTOGR. CAMPORI).

Al Molto Mag.co S.or Alexandro
Donesmondo Nobile Mantuano
suo sempre hon.o

a Guastalla o a Mantua.

JESUS

Molto Mag.co M. Alex.o S.r mio
hon.do. Per una di vostra S. intendo
quanto ha operato circa quel negocio del loco del conseglio. Et anco
quanto in tal cosa la Ecc. del S.or
Don Ferrando è dispostissima. Del
che ne resto molto satisfatto et infinitamente obligato a sua Ec.a et
ad V. S. Et per far mo resposta
di quanto accade, li dico che mi
contento di tutto quello si contenta
sua Ex.a, et maxime considerando
che quella dice differire per meglio
servire, et in questo mezo noi ci

potremo meglio resolvere a pieno
informati del tutto. Et per questo
dico ad V.ra S. che la mi farà piacere ragguagliarmi de la qualità
dello offitio circa el peso, et circa
el comodo, o voglia dir l'utile et
honore di esso. Et questo perchè
scrivendone ad mio figlio lo possi
ad pieno informare el che far non
ho possuto per le lettere già scrip-
toli, a le quali lui ha risposto che
vorria sapere la qualità predetta
et poi mi resolverebbe. V. S. adon-
que per la sua humanità si degnarà
del tutto informarmi ad causa possi
fare el medesimo verso mio figlio.
Et così questa dilatione ne servirà
in questo, purchè *ex alio* non ne
nuoca che *interim* el loco fusse dato
ad altri, et per ciò V. S. potrà
scrivere al S.r quanto in tal cosa
li parrà al proposito che in tutto
mi rimetto al suo buon judicio. Èt
si degnarà in le sue lettere raccomandarmi a Sua Ecc.a ringratian-
dola del suo optimo et prompto
animo di satisfarmi. Et se el mio
consulto ha in parte alcuna satisfatto a Sua Ecc.a, io ne resto molto
contento et più che se havesse
acquistato una bella possesione. Et

se anco non fusse così, sappi la Sua
Exc.a et V. S. che ho hauto voluntà grandissima di satisfarle. Et
così quella accepti el buon volere.
Non mi occorre dire altro ad V.
S. se non che la ringratio de le
amorevoli offerte, facendoli versa
vice le medesime ad quella di buon
cuore raccomandandomi, et N.ro
S. Dio la facci felice. Di Padova il
giorno XVIIIJ d'ottobre MDXXXX.
Di V.ra S.

S.re MAR.NO SOZINO

SPERONE SPERONI

~~~

Molto pregiate sono le le'tere del-
l'autore della Canace, uorro che molto
seppe, ma non ebbe la virtù o l'astuzia di dissimulare il concetto esagerato
ch'egli si era formato della sua dottrina. Al Bolognetti che gli aveva mandato a donare un suo poema eroico
intitolato *Il Costante,* per averne in
contraccambio quella lode che non si
rifiuta a cosa donata; lo Speroni ri-
sponde temporeggiando e indugiando
con pretesti e infine promette di dargliene conto a bocca o in iscritto. Saremmo curiosi di leggere i giudizio su
quel mediocre e noioso componimento,
dato di colui che trovava tante men-
de nella *Gerusalemme liberata* e non
risparmiava le sue critiche neppure
all' *Eneide.*

I.

(BIBL. ESTENSE)

Al molto mag.co Sig.re mio oss.mo
S.or Francesco Bolognetti a Bo-
logna.

Molto Mag.co Sig.re. — Da alcuni
gentilhomini bolognesi prima, poi
dallo ex.mo S.or vicario di Padova

fui salutato con vostre letere: et l'una et l'altra volta già molti mesi. Io veramente non risposi alle prime aspettando che chi le diede, tornasse a prenderne la risposta; ma alle seconde cominciai con l'opera a risponder, et mi diedi a riveder il Constante: ma la varietà delle cose che vi sono entro, et tutte quante considerabili; et la varietà delle mie facende, furono et sono anchora tuttavia tante, et si fatte; et io di sì poco valore; che se io non sono alla fìn di tutto non è d'haverne gran meraviglia: seguiterò, se vi piace, la impresa poi che io sarò tornato da Venetia, ove io vado dimani, nè so quanto io vi stia; per ciò che io vo a posta d'altri. Quanto sia per valere quel che io farò, V. S. lo sa meglio di me; ma quanto io volessi valere sol per servirla, sallo ognuno che mi ha sentito parlare della cortesia vostra alla quale io mi tengo molto obbligato. Farò quanto io potrò, et hora et sempre che V. S. mi comanderà alla quale mi ricomando.

Di Padova dì XVI di aprile nel 67.

Servo

S. SPERON

II.

(L. C.)

Al medesimo

Mollo Mag.co Sig.re. — Di queste letere et di chi le porta et di chi le manda dirò anche io questo poco. Hebbi la vostra lunedì passato, che fu il dì XIII del mese non ostante che ella sia fatta adì XXIX del passato, et questo basti. Or S.or mio io vi scrissi con intention di attendervi alla promessa; et non vedendo risposta, io mi fermai, passando ad altri negotii non già grandi come la S. V. cortesemente di me parlando sì pensa; ma bassi et vili, dalli quali, per ciò che standomi in Padova, non mi posso sbrigare, mi risolvo di partirmene et tosto; et ciò facendo, la S. V. mi vedrà per camino, perciò che in passare per Bologna, et la visitarò, et ragionerò seco del suo Costante difusamente oltre a quello che n' harò scritto. Credo che il non haver V. S. la mia letera a tempo sia stata opera di giuditiosa fortuna et non difetto d'altrui; perciò che fattavi la promessa, son stato intricato in mille strane opre et pensieri in maniera che io non ho fatto dall'hora in qua, nè pur pensato di far bene: dunque acciò che io non mancassi di fede, fece la sorte discreta che le mie letere non vi capitassero alle mani, nè altro ho ha dirvi intorno a questa materia. Non accadeva che la S. V. mi mandasse la letera del Giancarli, che senza quella vi harei creduto ogni cosa; a lui mandai hieri quella che li scrivete; non so quello succederà; voglio dire che io l'ho data a chi va alla fiera a Rovigo, a lui starà di darle ricapito. Comandatemi come a cosa vostra et amatemi, non però tanto, che quando parlate con me, o con altri di me, il vero non sia con voi: resta dir che io son molto servitore dello Ill.mo vostro Vescovo et del S.r suo fratello; et se haverete occasione di fargliene fede mi sarà caro che lo facciate. Dio vi conservi.

Di Pad. di 16 di ottob. nel LXVIJ.

Di V. S. Ser.

S. SPERON

III.

(L. C.)
Al medesimo

Molto Mag.co S.r — Io ho pregato il S.r Cesare Fantucci il qual torna a Bologna, che mandi alla V. S. questa mia letera acciò che finalmente io la ringratii del dono fattomi de la bella epistola del R.mo Mons. di Maiolica mio S.re; al quale, se la sua villa è pari in bellezza, sicuramente si può vantare d' habitare meglio in contado, che gentilhomo della sua patria: et bene il merita la sua gentilezza. Ringratio ancora la S. V· della memoria che di me tiene cortesemente, et la priego di conservarla. Io son suo di bon core, et come tale pronto mi offero al suo servigio in ciò che io vaglio; ma poco vaglio.

Di Pad. di XVIIJ d' aprile nel LXVIIJ della mia vita.

Ser.

S. SPERON

IV.

(L. C.)

A . . . . . . (1)

Reverendiss.o Mons.r S.r mio colendiss.o — Li di passati fui sforzato da charità Christiana a fare un lungo viaggio, quasi vigilia di quello che ho a fare verso Roma. Tornando a casa lasciai al K. Guarino quella mia opera di riforma d'anno, della quale intesi che V. S. vol scrivere a S. S. Hoggi l'ho rihavuta et hoggi la mando alla S. V. R.ma: facciane ella ciò che le pare: ma se ella va a Roma vada in mano dello Ill.mo et Ecc.mo S.r Iacomo Boncompagno a cui la scrivo; ma non vada se prima non è veduta dalla S. V. insieme con Mons. R.mo di Città nova: ma non sia veduta nè dall'un nè dall'altro, se 'non havranno letto il sermone di S. Gio. Crisostomo intitolato *de Nativitate S. Io. Baptistae*. Letto quello, et judicata la mia

---

(1) Forse a Mons Alberto Bolognetti cui è parimenti indrizzata la lettera che segue.

scrittura facciane V. S. quello le pare. Andando a Roma vada ove l'indrizzo: questa settimana futura verrò io a Venetia a baciar la mano alla S. V. R.ma che Dio conservi in sua gratia.

Di Pad. li 6 di nov. 1579.

Ser.

S. SPERON

V.

(AUT. CAMPORI)

Allo Ill.mo et Ecc.mo et R.mo S.or mio col.mo Mons.r Vescovo di Massa, Nuntio di N. S. in Venetia.

Ill.mo et R.mo S.or. — Disidirando, et sperando di poter venire a Venetia, et presentare alla S. V. Ill.ma quel giovane del quale io le parlai la state passata per quel chieregato, sono indugiato in sin hora a fare questo officio, nè perciò temo di farlo indarno al presente, benchè io il faccia per letera; meritando questo giovane assai da se, et io dovendomi confidare nella cortesia di V. S. R.ma. Questo è dunque quel Luciano Violato, per lo quale io intercedea, supplicando, chel chieregato vacato per morte del quondam Bernardin Fabri, fusse conceduto a costui, il quale non disidera altro che occasion di servir alla chiesa con questo poco di titolo. Son sicuro che V. S. R.ma risponderà con bono effetto alle bone parole che io intesi in Venetia di bocca sua. Dio la conservi in sua bona gratia; io riverente le bacio la mano.

Di Pad. dì 28 di gen.o 1580.

Di V. S. R.ma et Ill.ma.

Servitore

S. SPERON

LODOVICO STROZZI

Varii individui di questa famiglia vissuti nel secolo XVI si vedono segnati nelle tavole del Litta col nome di Lodovico. Il nostro, teniamo per fermo sia quello del quale il Litta stesso dice, credere fosse uomo dotto e di cui parla il Bembo in una lettera tra le stampate da Aldo, il quale morì probabilmente in Roma nel 1586. Il Gamurrini afferma che andò a stabilirsi in Mantova e ci propagò la famiglia, mantenutasi infino ai giorni nostri.

I.

(AUTOGR. CAMPORI)

A D. Ferrante Gonzaga Vicerè di Sicilia.

Ill.mo et Ex.mo Sig.r et patron mio osser.mo. — Veggio che se voglio aspettare di scrivere a V. S. Ill.ma fin tanto ch'io possa dargli aviso di qualche resolutione presa nella causa di Lucedio, potrei facilmente esser imputato di negligentia, perchè tante sono le cause delle dilationi che ogni dì surgono dalli

maneggi di costoro, con lo uscir
di Roma si spesso sua S.tà tre giorni
e sei per volta, che gli negotij si
fanno immortali. E perciò in questo
nostro non tengo che altro dir al
presente, se non che pur hoggi è
tornato il papa da Frascata: e spero
prima che si esca di Roma, se gli
parlerà delle scritture che doveranno essere in ordine doppo l' esser state rifatte più volte e reviste
da cardinali e Cortese (1), et audi-
tori del Car.le Farnese, in mano
delli quali sono adesso per l'ultima
vista. Si che mi rimetto con le
prime a scrivere la speranza che
qui si haverà del exito di questa
nostra prattica se qualche altro
impedimento ci viene in contrario.
V. Ex.tia ne i giorni passati intese
la morte del Car.le Borgia; et hora
con queste intenderà quella del R.mo
Corduba, che se ne mori giovedi
sera cou dolore certamente di tutta
questa corte ; che si come io scrissi
ne l'altre mie, egli era un gentilissimo sig.re e per le sue virtù molto
amato universalmente da ciascuno.
El sig.r marchese suo fratello non

---

(1) Mons. Gregorio Cortese che fu poi Cardinale.

vole acquettarsi, nè si può dare
pace di questa perdita : la quale a
dir il vero non gli poteva venir
maggiore nè più incommoda. Sua
Ex.a: se n' è gita a star in S. Pietro
in Montorio, credo per fuggire le
visite che gli accrescono il dolore,
et alcuni dicono ancora che uscirà
di Roma per XV o XX giorni, il
che non giovaria punto alla conclusione del maneggio nostro; benchè
se la cosa si riducesse a tali termini, se trovarebbe rimedio ancor
a questo. Il R.mo di Napoli dicono
che stà molto male anch' egli: di
modo che sendone morti quattro
in così breve tempo, pare che come
si sente l' infirmità d' un Car.le, si
tenga subito per spazzato; et che
questo sia l' anno che si habbino
da ischiarirsi: benchè molto si confida nella prudentia di Papa Paulo,
che rinovarà tosto il numero: perchè si parla di già che a questo
natale ne habbi da sfodrare una
mezza dozzena per il manco, massimamente succedendo il parentado
di Franza, che pur si dice riuscirà
in ogni modo.

Il frate ch' era in prigione per
l' interessi di Madama si è fatto

esaminar di nuovo, et hassi disdetto
di quanto haveva confessato prima:
per il che gli processi fatti si anul-
laranno, et così fia restituito l' honor a sua Ex.a et alli servitori
suoi di quello erano stati imputati:
di sorte che si tiene per certo l' as-
setto col sig. Ottavio. Lope Hurtado
dovea partire hoggi o domani con
la moglie et un' altra donna che
pur era favorita di Madama: alle
quali dicesi che sua Ex.a ha fatto
un presente di oro battuto e vesti-
menti e gioie sue fino al tempo del
Duca Alessandro per più di quattro
milla scuti. Trovomi una lettera
di Mantova da ms. Eudimion di
XXVII del passato, che mi scrive
come il venerdì di notte alle nove
hore fu tagliata la testa a m. Ant.o
Delfino: e poi fu portata sulla piazza dove si suole fare la giusticia,
che fu visitata secondo mi dice da
un concorso di gente grandissima
d'ogni ordine, d' ogni età, et d'ogni
sesso. E perchè mi fa instanzia che
venendomi occasione di scrivere a
V. S. Ill.ma debba darne aviso a
quella, non ho voluto mancare di
farlo, ancor ch'io penso ch' ella
forse lo haverà havuto prima. Dice-

mi di più anchora, che pensava succederebbe nella castellania della Predella m. Carlo di Bologna: che sarà stata sodisfattione non minore a quel populo de l'altra, e merito singularissimo di Vostra Ex.tia appresso a Dio: che ad altro effetto non gli ha comesso tale governo se non per castigar li tristi, et sublevare li buoni dalle miserie in che si trovavano.

Il Car.le di Nicastro che hora ha hauto da sua S.tà il vescovato di Reggio, et che stava legato appresso di S. M.tà in Fiandra donde se partì alli XV del passafo, è gionto; ma non si è lassato vedere ancora per volere far prima la sua entrata solenne. Altro non mi soccorre che dire a V. S. Ill.ma se non, havendo inteso la partita di quella con l'armata sua vittoriosa, pregare N. S. Dio chę gli presti quel vento, quel favore, et quella felicità che gli desidrano tutti gli suoi servitori. Et a V. S. Ill.ma basciando le mani, humilmente in buona grazia mi raccomando.

Di Roma alli IX di ottobro MDXL.

Di V. S. Ill.ma et Ecc.ma

Humile Servitore

LODOVICO STROZZI

Il Car.le Iacobatio che stava in Peruggia si dice per certo esser morto anch' egli.

II.

(L. C.)

Al medesimo

Ill,mo et Ex.mo S.r e patrone mio osser.mo. — Con l' altro despaccio io avisai V. S. Ill.ma della conclusione del negotio nostro per ultima resolutione del quale non ci manca altro che li mandati di prestare li consensi secondo la forma dell' accordo: la copia delle quali scritture si è mandata già otto dì sono et spero fra quattro giorni ne haveremo ia risposta. Gionse m. Nino l'altr' hieri, il quale non può satiarsi di raggionare di V. Ex.tia e di tutta la Ill.ma sua progenie, nè noi di ascoltarlo, che desideriamo tutti egualmente la grandezza e servitio di quella con tanto augumento di honore et utile, quanto merita il valore et le virtù di V. S. Ill.ma. Scriverei a V. Ex.tia di novo s'io sapessi cosa alcnna digna di aviso;

ma non si intende altro se non di questa andata a Bologna del Papa il quale dicono havere di già prefixo il termine della partita di Roma per il XX di febraro, il che però non si crede così da ognuno; ma che la venuta in Italia del Imperatore debba alterare questa deliberazione come molti altri accidenti.

El Secretario di Franza chiamato Morlu venne tre di sono, nè pare che porti resolutione alcuna di quel casamento che si tratta fra la S.ra Vittoria et un nepote del Car.le di Lorena; nel quale vi è difficultà e differentia grande nella dote: perchè sua S.tà non mostra di volere dare più di 50,000 scudi et in Franza ne vorrebbono 100,000, e forse si contentariano di 80,000. Il Car.le di Nonincourt a quésti di andò in posta al Re, et credesi ch' egli farà l'ultimo sforzo per concludere questa pratica: la quale alcuni hanno creduto che piu tosto fosse mossa da costoro per metter gelosia a questi Imperiali e far condescendere Madama alle voglie sue, che per venir alla conclusione: benchè l'esser horamai questa S.ra di età di XXI anno nè sapersi altro partito che si maneggi, fa pur pensare da l'altra parte che non sia stata fictione: tanto più havendo S. S.tà fatto tanta instantia com'io m'aviso che V. S. Ill.ma habbia inteso, di haver la S.ra D. Giovanna Gonzaga per questo effetto: la quale partì di Mantova al principio di questo mese et non potrà tardare ad arrivare hormal in Roma. Nè altro mi occorre che dire a V. Ex.tia, ma solamente basciarli le mani, et raccomandarmi humilmente in buona gratia di quella.

Di Roma alli XXVII di Novembre MDXL.

Di V. Ill.ma et Ex.ma S.a

Umile Servidore

LODOVICO STROZZI

CLAUDIO TOLOMEI

~~~~

Uomo di politica, di negozii, di lettere, di corte, di chiesa, ma più che
d'altro di lettere, anzi uno dei più corretti ed eleganti scrittori del suo tempo.
Però quando volle tentare innovazioni
nelle forme della poesia e nell'alfabeto,
smarrì la retta via, e scarso seguito
trovò nei contemporanei, nessuna lode
ebbe dai posteri. Assai pregiata è la
sua corrispondenza epistolare per la
purità della lingua, e lo stile abbastanza
corrente ed elevato, senza che per questo si abbia ad accogliere il giudizio di
Bernardo Tasso che allo stesso Tolomei
scriveva, avere egli in questa parte
« tolto ad ognuno la speranza non pur
d'avanzarvi e di aggiungervi, ma di potere appena venirvi vicino. » Claudio
Tolomei nato in Siena intorno il 1492
morì in Roma l'anno 1555.

(L. C.)

Al Mag.co M. Giovanni Mahona (1)
Secr.o del Ill.mo et Ecc.mo S.r
Vicerè di Sicilia.

Mag.co M. Giovanni. — Io pensa-
vo non risponder prima a la vostra

(1) Fra le lettere a stampa del Tolomei, due
sono indirizzate a questo Mahona.

lettera, ch'io fusse guarito di una indispositione d'uno occhio ne la qale anchora mi trovo, nè so bene a che fine habbia a riuscire (1), et così havevo detto a M. Nino et pregatolo che ne facesse mia scusa con voi. Hora ad instantia d'uno amicissimo mio sono sforzato pigliar la penna inanzi tempo per raccomandarvi caldamentè un gentiluomo di Sciacca, chiamato M. Cola di Gino, et còsì quanto posso ve lo raccomando che in ogni sua occorrentia lo soccorriate et aiutate d'ogni vostro honesto favore, che per il desiderio ch'io ho di far cosa grata a questo amico che me ne ha ricerco, lo reputerò come cosa fatta a me proprio. Molto vi ringratio del libro che m'havete mandato al quale ho dato una leggera scorsa, per non poter troppo sicuramente adoperare gli occhi, ma veggo che l'autore vi ha raccolte belle cose. Come sarò libero, lo leggerò più attentamente. Mi sarà cosa grata

---

(1) In proposito dei suoi occhi così scriveva egli nella prefazione alle sue lettere, da Padova il 1º dicembre 1517: « Per essere io assai tormentato dall'affl zione di questi miei poveri occhi in tal guisa che ogni altra cosa fò più voientieri, che leggere. »

se ritrovate quelle consultationi di Federico secondo, me ne mandiate una copia. Et sopra tutto che mi teniate in buona gratia, et mi raccomandiate a l' Ecc.tia del Vicerè, et son tutto vostro. Che per hora non voglio scrivervi più a lungo. Di Roma li 3 di Novembre 1537.

Tutto V.ro CLAUDIO TOLOMEI

BENEDETTO VARCHI

Come ogni minima cosa escita dalla penna del celebre storico fiorentino è da tenersi in pregio, così sarà di questa breve lettera commendatizia indiritta, per quanto pare, a un segretario del card. Ippolito d' Este.

(BIBL. ESTENSE)

A....

Molto Mag.co e R.do S.or mio osser.mo. Io non dubito punto che V. S. non le havendo io scritto mille anni sono, prenderà meraviglia di questa mia lettera: ma sia come vuole, havendo io riserbato continovamente la memoria di lei, e sappiendo quanto è, per l'humanità e cortesia sua, disiderosa di giovare altrui, non ho voluto mancare a M. Horazio de' Medici figliuolo del Cap.no Mucchio, buona memoria, il quale, venendo costà con animo di servire l'Ill.mo e R.mo S.ore Cardinale vostro di Ferrara, tratto dal grido delle tante virtù di così gran Sig.re, ha voluto che io conoscendo quanto in molte cose può giovargli

la S. V. le scriva in favore e rac-
comandazione sua ; il che ho molto
volentieri fatto, sì per compiacere
a lui, il quale merita, e cui disi-
dero ogni bene, e sì ancora per havere questa occasione di rinnovel-
lare in un certo modo l'antica osservanza et affezione mia verso
lei, e quasi rintegrare la nostra
amistà, se non interrotta, certo di-
messa. Prego dunque V. S. che si
degni, oltra quello che ella farebbe
di sua natura a benefizio di detto
M. Horazio, aggiugnere ancora alcuna cosa per amore di me, il quale
insieme col detto ne le harò grandissimo obbligo, e perpetuo: nè altro dirò, se non che le piacesse di
comandarmi, se in veruna cosa giudica che io possa farle servigio: e
qui baciando le mani a V. S. e pregando N. S. Dio che la conservi
lungamente, fo fine. Di Firenze il
XVI giorno di luglio MDLI.

S.e di V. S. R.
BENED. VARCHI

Al Mag.co e R.do M. Pero Gelido,
trovandosi costì, 1000 saluti e rac-
comandazioni.

INDICE
degli scrittori delle lettere

Accolti Benedetto	Pag.	1
Amalteo Gio. Batt. . . .	»	9
Ammirato Scipione sen. . .	»	13
Barbieri Gio. M.ª	»	22
Beaziano Agostino	»	27
Bellanti Alessandro . . .	»	30
Bembo Pietro	»	35
Bentivoglio Ercole . . .	»	39
Berni Francesco	»	44
Calino Muzio	»	65
Cambi Importuni Alfonso .	»	70
Contile Luca	»	79
Della Casa Giovanni . . .	»	132
Doni Antonfrancesco . . .	»	135
Equicolo Mario	»	138
Fiamma Gabriele	»	141
Florimonte Galeazzo . . .	»	148
Fortiguerra Scipione . . .	»	155
Gaddi (de') Nicola	»	180
Guarini Gio. Battista . . .	»	183
Guazzo Stefano	»	215
Guicciardini Jacopo . . .	»	217
Guicciardini Girolamo . . .	»	234
Lascari Giovanni	»	437
Lollio Alberto	»	241

Maccalli Pier Francesco . . . . Pag. 248
Manuzio Paolo . . . . . . » 257
Manuzio Aldo juniore . . » 262
Merula Antonio . . . . . » 266
Muzio Girolamo . . . . . » 268
Porzio Camillo . . . . . » 285
Ramusio Paolo juniore . . » 290
Ridolfi Alessandro . . . . » 292
Ridolfi Luca Antonio . . . » 307
Ridolfi Francesco . . . , » 325
Rota Berardino . . . . . » 348
Ruscelli Girolamo . . . . » 350
Segni Bernardo . . . . . » 358
Serdonati Francesco . . . » 367
Soccino Mariano juniore. . » 371
Speroni Sperone. . . . . » 374
Strozzi Lodovico . . . . » 382
Tolomei Claudio . . . . » 390
Varchi Benedetto . . . . » 393

ERRORI	CORRETTI
Pag. 10 lin. 28 ho	ha
» 40 » 25 *no*	*mo*
» 47 » 17 dubiio	dubito
» 62 » 15 *Aristolelem*	*Aristotelem*
» 65 » 12 pel	sul
» 71 » 2 (L. C.)	(BIB. VATICANA)
» 98 » 31 castitè	castità
» 117 » 6 lugamente	lungamente
» 121 » 17 mip	mio
» 170 » 3 le	el
» 193 » 23 In	La
» 211 » 3 della	dalla
» 211 » 25 egni	ogni
» 268 » 16 fu	in
» 291 » 17 R no	R.mo
» 303 » 7 ambascatore	ambasciatore
» 313 » 15 le	la
» 319 » 27 dette	detto
» 320 » 22 la	le
» 354 » 20 facilià	facilità

SOTTO IL TORCHIO

MEMORIE

dei più insigni

PITTORI, SCULTORI E ARCHITETTI DOMENICANI

DEL

P. VINCENZO MARCHESE

DELLO STESSO INSTITUTO

QUARTA EDIZIONE

*Notabilmente accresciuta di notizie e di Documenti
con due lettere del Conte di Montalembert*

L'opera sarà pubblicata in due volumi in 8.° piccolo al prezzo di Cent. 15 per ogni foglio di pag. 16. La stampa sarà sopravvegliata e diretta dal P. Tommaso Bonora de' Predicatori, cultore intelligente e amoroso di questi studi, e dalla cortesia del quale l'Autore ottenne non poche notizie che renderanno sempre più importante questa ristampa.

Le dimande dovranno essere esclusivamente indirizzate al signor Gaetano Romagnoli in Bologna, Via Toschi N.° 1232.

CPSIA information can be obtained
at www.ICGtesting.com
Printed in the USA
BVHW051456060521
606679BV00007B/153

9 781178 88